HEYNE BÜCHER SACHBUCH

Karlheinz Deschner

Die Vertreter Gottes

Eine Geschichte der Päpste
im 20. Jahrhundert

Originalausgabe

WILHELM HEYNE VERLAG
MÜNCHEN

HEYNE SACHBUCH
Nr. 19/286

BILDNACHWEIS

Archiv des Autors 76
Archiv für Kunst und Geschichte, Berlin 24, 38/39, 43, 44, 50, 51, 53, 64, 65, 67, 80, 84, 103, 111, 123
Bilderdienst Süddeutscher Verlag 21, 23, 25, 31, 32, 33, 35, 37, 45, 47, 55, 56, 61, 62, 63, 71, 72, 73, 75, 79, 81, 83, 85, 89, 90, 91, 94/95, 98, 99, 101, 102, 105, 109, 110, 113, 116, 118, 119, 121, 127, 129, 130, 132

Redaktion und Bildauswahl: Dagmar Loy

Printed in Germany 1994
Umschlagillustration: Süddeutscher Verlag – Bilderdienst, München (Benedikt XV.); Archiv für Kunst und Geschichte, Berlin (Leo XIII., Pius X., Pius XI., Pius XII.)
Umschlaggestaltung: Atelier Adolf Bachmann, Reischach
Herstellung: H + G Lidl, München
Satz: Fotosatz Völkl, Puchheim
Druck und Verarbeitung: Ebner Ulm

ISBN 3-453-07048-8

Inhalt

Lauter Lügen hat dein Mund mir erzählt …*

Am 30. November 1986 trompetete das Regensburger Bistumsblatt: »Die Nazis ertrugen die Wahrheit nicht.« Nun, alle autoritären Regime ertragen die Wahrheit nicht. Selbst die weniger autoritären ertragen sie nicht. Am wenigsten aber erträgt man sie, wenn man die alleinseligmachende Wahrheit vertritt und zwei Jahrtausende schon mit Lug und Trug sich durch die Zeiten mogelt. Denn, wahrlich, welcher Weg der Welt wohl wäre mehr mit Lügen gepflastert als »der Weg, die Wahrheit und das Leben«?

Am 30. November 1986 erinnerte das Regensburger Bistumsblatt daran, daß es vor 50 Jahren, am 29. November 1936, nicht an die Leser ausgeliefert werden durfte. Die Nazis hatten es »vorläufig sichergestellt«, und aus dem »vorläufig« sei schließlich »ohne Begründung ›endgültig‹« geworden. Das suggeriert, man habe das bischöfliche Presseorgan zur braunen Pestzeit mundtot gemacht. In Wirklichkeit erschien es Jahr um Jahr weiter.

Wie? Nun, das Blatt, das es – so 1986 – als »wesentliche Aufgabe« ansah, »im Kirchenkampf aufzurichten und zu ermutigen«, ja, das »immer wieder riskierte, die Verfolgungssituation der Kirche in Deutschland selbst anzusprechen«, bejubelte in Wirklichkeit Nazi-Deutschland über alles in der Welt. Und seinen Führer erst recht. Noch 1939 feierte es dessen 50. Geburtstag mit markig-großem Hitlerbild und faselte und phraselte, sein Reich habe sich »unaustilgbar in die Weltgeschichte eingemeißelt«, »für

* Text eines Schlagers aus der Nazizeit

alle Zeiten in die Annalen der Weltgeschichte eingegraben«. Wer spuckte denn größere Töne! Der »militärische Aufbau der Wehrmacht« wurde gepriesen, »die Bestandsmehrung an Kraftfahrzeugen, die gewaltige Erhöhung des Schiffsraumes und der Flugzeugindustrie sowie vieles andere – welche Unsumme von Fleiß und Erfolg, verbunden mit dem Namen Adolf Hitlers«. Und mit lauter »Werken des Friedens« – vier Monate vor Beginn des bisher größten aller Kriege.

Ergo steht das Regensburger Bistumsblatt »in Ehrfurcht vor unserem Staatsoberhaupt, dem Führer und Reichskanzler, in dem die Kraft des deutschen Volkes symbolhaft geeint erscheint«. Ergo fleht es »zu Gott, er möchte in Gnaden die rastlose Arbeit des Führers für Volk und Vaterland mit seinem Segen begleiten!« Ergo folgt das »Gebet für Führer und Volk«, lateinisch und deutsch. Ergo folgt den »Werken des Friedens« der Kriegsausbruch. Folgen am 1. Oktober 1939 im Regensburger Bistumsblatt »Hirtenworte deutscher Bischöfe«, die alle dazu aufrufen, Hitlers Krieg bis zum Äußersten zu unterstützen – »im Vertrauen auf Gott und unseren Erlöser Jesus Christus« (der Würzburger Bischof); »dem Rufe des Führers folgend« (der Rottenburger Bischof); für »Volk und Vaterland und Führer« (der Hildesheimer Bischof). Oder, wie das Blatt den Bischof von Mainz zitiert: »In dieser entscheidungsvollen Stunde ermuntern und ermahnen wir unsere katholischen Soldaten, in Gehorsam gegen den Führer, opferwillig, unter Hingabe ihrer ganzen Persönlichkeit ihre Pflicht zu tun.«

So führte die Diözesanzeitung ihren Kirchenkampf. Und schon wenige Wochen später, nach dem Attentat auf Hitler, schrieb sie am 19. Oktober 1939 unter der Überschrift »Wir danken Gott«: »Ein verbrecherischer Anschlag ist auf das Leben des Führers und Reichskanzlers ausgeführt worden. Wie durch ein Wunder ist der Führer aus dieser Gefahr gerettet worden. Wir alle danken dem Herrgott für sein gnädiges Walten. Wir alle beten aus Herzensgrund: Herr, nimm Du den Führer und unser ganzes deutsches Volk allezeit in Deinen gewaltigen Schutz!

Der Toten gedenken wir in Ehrfurcht und im Gebet.

Glückwunsch des Papstes an den Führer.

Der Heilige Vater, Papst Pius XII., ließ durch den Apostolischen Nuntius dem Führer zu seiner Rettung aus großer Gefahr seine persönlichen Glückwünsche übermitteln.

Der Herr Kardinal von München hat im Namen der bayerischen Bischöfe den Führer zur glücklichen Rettung beglückwünscht.«

Und wieder nur wenige Wochen danach glorifizierte das Regensburger Kirchenblatt am 24. November 1939 »Helden und Heilige«: »Es geht eine Welle heldischen Sinns und frohgemuter Todesverachtung durch unsere Tage.« Ja, eine herrliche Kriegsweihnacht war's – und jeder deutsche Mann war »bereit, für Deutschland, für sein Volk sein Leben zu lassen«, jeder verpflichtet, aus seinem christlichen »Glauben« heraus, »heldisch zu handeln«, »heldisch jedes Opfer« zu bringen. »Blut und Leben« forderte das Regensburger Bistumsblatt für die Obrigkeit und zitierte des Apostels »berühmtes Wort«: »Es gibt keine Obrigkeit, als sie ist von Gott.«

Auch Hitler war von Gott, kein Zweifel. Auch der Teufel. Auch die Hölle.

Also feierte das kirchenkämpferische Blatt den deutschen Staats- und Starbanditen auch noch am 21. April 1940, bejubelte es seinen »kraftvollen Willen und die leuchtende Idee eines wahren Volkskanzlers«, dankte es der »Vorsehung, die dem deutschen Volke einen Mann geschenkt hat, eine wahre Führernatur von säkularer Bedeutung, unter deren ordnender Regierungsmacht das Volk zur Einheit, der Staat aber aus tiefster Ohnmacht zu kraftvoller Macht und das Reich zum Adel seiner Sendung zurückfand«.

Die Regensburger Bischofspostille rühmte in diesem Zusammenhang das »Werden und Wachsen des Volksstaates, die großartigen sozialen Einrichtungen mannigfachster Art, die politische Neuordnung des Reiches und endlich die Wehrhaftmachung der jungen Nation ...« Endlich, jawohl. Schließlich stand man schon im zweiten Kriegsjahr. Und gerade weil das Nazireich so wunderbar war, drohten draußen »die Mächte des Dunklen, die Kräfte der Zerstörung ... im alten Wahn ihrer bloßen Geld- und Machtherrschaft, ihrer niederreißenden und spaltenden Einkreisungspolitik ...«. Und drinnen vereinte sich eben alles Großartige, Kraftstrotzend-Junge, Ordnende, der ganze Sendungsadel von Braun bis Rabenschwarz vereinte sich, vor allem letzterer stets von neuem mit Gebeten für Führer und Reich. »Immer und immer wieder aber wollen wir rufen: Herr, segne unser Volk, segne seinen Kampf um den Sieg der Gerechtigkeit und Neuordnung und erhalte uns den Mann, dem du die Idee und den Willen ...« und papperlapapperlapapperlapapp.

Schon die Titel des Blattes sind Signale. »Germanentum und Christentum«, »Heldentum«, »Wehrhaftigkeit«. »Wofür wir kämpfen«, »Deutschland im Kampf«, »Vor keinem Feind wird Deutschland kapitulieren« usw. usw. Lauter Lügen?

Ganz ähnlich enthusiastisch wie die Regensburger Bistumszeitung warben Dutzende von anderen deutschen (und österreichischen) Bischofsblättern für Hitler, riefen sie zu seiner Unterstützung, seinem Krieg und Sieg auf, ganz ähnlich lieferten sie Millionen Menschen mit den, ach, so bewährten hehren, heiligen Tiraden, mit diesem ganzen hochkriminellen Kirchenquatsch den braunen Verbrechern ans Messer. Bei mir stapeln sich diese Bistums- und anderen römisch-katholischen Propagandatraktätlein, und ich erbiete mich, 100 Bücher vom Umfang dieses Buchs damit zu füllen, wenn sie jemand druckt und zahlt – vielleicht die Deutsche Bischofskonferenz? Hat sie nicht Geld genug? Und das mutige Wort des damaligen Klerus, sein heldenhafter Kirchenkampf müßte ihr doch einiges wert sein? Lauter Lügen?

Der amerikanische Politologe Gordon C. Zahn begegnete nach ausgedehnten Quellenstudien in seiner Untersuchung »Die deutsche katholische Presse und Hitlers Kriege« in der von ihm durchgesehenen »exemplarischen Gruppe von Zeitschriften« »keinem einzigen Beispiel einer auch nur verborgenen Opposition gegen den Krieg«. Vielmehr sei die »katholische Presse voll« gewesen »mit Aufrufen zur Kriegsunterstützung«, habe sie »Seite um Seite feurigen Aufrufen zum ›Patriotismus‹ und den Ermahnungen zur ›Pflicht‹ gewidmet«. »Der Gesamteindruck für den Leser«, schreibt der amerikanische Gelehrte, übrigens in einer ausgesprochen Gelehrte, »ist der einer äußerst nationalistischen Unterstützung des Krieges«, ein Resümee, das der Autor noch ergänzt: »Der Ton der hypernationalistischen Begeisterung in allen Zeitungen, die wir für diese Studie durchsahen, macht auf den Leser nicht den Eindruck, er sei erzwungen worden.«

Er war es ja auch nicht. Die Schreiber, von denen »viele, wenn nicht die meisten Geistliche waren«, folgten allenfalls ihren bischöflichen Vorgesetzten, und diese folgten dem Papst.

Alle bliesen ins gleiche Horn.

Alles zum Wohle eines der größten Menschheitsverbrechen. Und hinterher wollten sie es nicht gewesen sein, hatte sich alles ganz anders verhalten, viel differenzierter, komplizierter, viel komplexer. Lauter Lügen?

Sie hatten gekämpft und gekämpft, jawohl. Wofür? Für ihre Interessen, ihren Einfluß, ihre Macht, ihr Geld.

Sie waren froh, daß Hitler Liberale, Sozialisten und Kommunisten totschlug, ihre eigenen Gegner. Sie traten nie öffentlich für die Juden ein, die man ja selbst von Jahrhundert zu Jahrhundert totgeschlagen hatte. Hitlers Antisemitismus, Hitlers Pogrome, Hitlers Gaskammern, sie waren geradezu Fortführung und Vollendung dessen, was die Kirche Christi (oder des Teufels?) Generation um Generation vorexerziert hatte. Sogar ihre eigenen Priester ließen diese Bischöfe einkerkern, haufenweise, und kaputtschinden, ohne im geringsten ihre Stimme für sie zu erheben, die sie doch so lautstark für Hitler erhoben. Doch als alles vorbei war, als alles ausgestanden, nein, ausgesessen war, beschimpften sie den vordem Gottgesandten und renommierten mit ihren Märtyrern. Und so halten sie es noch heute.

Papst Pius XII., der alle Faschisten – Hitler, Mussolini, Franco, Pavelić – entschieden gefördert, der insbesondere auf Nazi-Deutschland gesetzt hatte, der 1939 erklärte, daß der Führer das legale Oberhaupt der Deutschen sei und jeder sündige, der ihm den Gehorsam verweigere, der von Hitlers Soldaten rief: »Sie haben geschworen, sie müssen gehorsam sein«, der, mitten im Krieg wieder, »wärmste Sympathie für Deutschland« bekundete und »Bewunderung großer Eigenschaften des Führers«, ja, der wörtlich erklärte, er wünsche »dem Führer nichts sehnlicher als einen Sieg« – der sprach plötzlich, als Hitler und sein Staat zerstört waren, vom satanischen Nationalsozialismus! Und lobte die deutschen Bischöfe wegen ihres Widerstandes – »weil sie es nie unterlassen haben, auch in den letzten Kriegsjahren nicht, mutig und ernst ihre Stimme zu erheben«. Jawohl. Für Hitler. Und für seinen Krieg.

Zum Beispiel der deutsche Widerstandskämpfer Kardinal Michael von Faulhaber.

Er, der einst die Weimarer Republik ein Produkt von »Meineid und Hochverrat« geschmäht hatte, schrieb 1933 Hitler handschriftlich: »Gott erhalte unserem Volk unseren Reichskanzler.« Er pries dessen staatsmännischen »Weitblick«, sprach von »unermeßlichem Segen« und behauptete 1934, die nationalsozialistische Führung habe »auch dem sittlichen Leben des Volkes einen unschätzbaren Dienst erwiesen«. 1936 ermutigte er – mit allen deutschen Oberhirten – die Katholiken, bei der Volksabstimmung »ruhigen Gewissens mit ›Ja‹« zu stimmen. Im gleichen Jahr widmete eine Schrift zu seinem 25jährigen Bischofsjubiläum von rund 100 Seiten 24 seiner Soldatenzeit – »eine Schule für das Leben …«. 1939, nach dem mißlungenen Anschlag auf den Diktator, zelebrierte Faulhaber einen Dankgottesdienst. 1941 gab er die Kirchenglocken für »das teure Vaterland« hin, um die Fortsetzung des Krieges und einen Nazisieg zu ermöglichen. Zudem mahnte er in einem Hirtenbrief, »wie notwendig und wichtig es ist, daß in solcher Lage jedermann ganz und gern und treu seine Pflicht erfüllt …«. Noch unmittelbar nach dem Stauffenberg-Attentat am 20. Juli 1944 beglückwünschte er Hitler zu dessen Errettung persönlich und im Namen seiner Bischöfe und ließ in der Münchner Frauenkirche ein Tedeum singen, »Großer Gott, wir loben dich …« Lauter Lügen?

Schon längst hatte der Kardinal – in weithin aufsehenerregender Weise – sich auch von den Juden distanziert, hatte er ein ihm unterstelltes Engagement für sie eine marxistische »Fälschung« genannt, »schmachvoll«, eine »schamlose Lüge«, »wahnsinnige Behauptungen« etc.

Kurz nach Kriegsende aber beschimpfte er heftigst das braune Regime, donnerte: »Der Nazismus darf nicht wieder aufleben«, und ließ weltweit verbreiten, weil er seit 1933 für die Juden eingetreten sei, habe man ihn unter Hitler so sehr verfolgt! Fast noch mehr als Nazi-Gegner gefeiert wurde seit Kriegsende der Münsteraner Bischof Graf von Galen, zumal er tatsächlich gegen die Ermordung von Geisteskranken protestiert hatte; bemerkenswerterweise nicht ohne Erfolg!

Ungeachtet dessen aber unterstützte Galen den Despoten wie jeder andere deutsche Prälat. Galen, der sich rühmte, »kein Tropfen fremdrassigen Blutes« rinne in den Adern seiner Familie, »nachweislich seit mehr als siebenhundert Jahren«, legte 1933 als erster deutscher Bischof vor Göring den Treueid auf die neue Regierung ab, sah durch Gott selbst »die höchsten Führer unseres Vaterlandes erleuchtet und gestärkt«, dankte in einer Predigt Hitler »für alles, was er für das Recht, die Freiheit und die Ehre des deutschen Volkes getan« habe, pries auch die Nazi-Wehrmacht »als Schutz und Sinnbild deutscher Ehre und deutschen Rechtes« und autorisierte, ausgerechnet zur Zeit des großen Judenpogroms, der »Kristallnacht«, das Machwerk »Fahneneid«, eine Ermahnung der Soldaten zur bedingungslosen Treue gegenüber Hitler. Widerstandskämpfer Galen versicherte, »die Christen werden ihre Pflicht tun«, die deutschen Soldaten »wollen für Deutschland kämpfen und sterben«. Er feierte den grauenvollen Rußlandüberfall (»Wenn ich könnte, würde ich mitgehen«) als »neuen Kreuzzug mit dem Feldgeschrei ›Gott will es‹« und »unser deutsches Vaterland« als »etwas überaus Herrliches und ganz Großes«, ja, rückte die für Hitler Gefallenen in die Nähe von Märtyrern. Kurz, die »Symbolfigur« des katholischen Widerstandes verstieg sich zu Phrasen, die die Nazis benutzten, um Freiwillige für die SS zu gewinnen!

Aber gleich nach dem Ende der hochgelobten Herrlichkeit, 1945, sprach der Bischof, der wohl ein-, zweitausend Geisteskranke vor dem Tod gerettet, doch Millionen andere Deutsche für Hitler in den Tod getrieben hatte, vom »Gift der nationalsozialistischen Irrlehre«. Er erklärte, »seit Jahren schwer gelitten« zu haben »unter der Fremdherrschaft des Nationalsozialismus« und »schwer geknechtet und vergewaltigt« worden zu sein. Was hätte der Mensch (was hätten alle seinesgleichen) bei einem deutschen Sieg gesagt!

Weniger bekannt, auch nicht in allen Punkten vergleichbar, doch ebenfalls sehr instruktiv, ist der dritte und letzte Fall, der einleitend erwähnt sei.

Der fränkische Briefträgersohn Georg Werthmann war im Ersten Weltkrieg Pazifist geworden, wirkte in der Weimarer Republik als Priester in Nürnberg und Bamberg und wurde, so stand 1993 in einer fränkischen Tageszeitung, gerade »in den Jahren nach 1933« (wie seinerzeit ja so viele) »immer mehr als Gegner der nationalsozialistischen Ideologie bekannt«. Eine gefährliche Situation. So nahm ihn der Bamberger Erzbischof von Hauck 1935 »aus der öffentlichen Schußlinie« – und schon im nächsten Jahr war der eingefleischte Pazifist und Hitlerfeind Stellvertretender Armeebischof in Berlin. Nur seine Jugend verhinderte den direkten Aufstieg zum Armeebischof. Aber sein selbstsicheres Auftreten, die bestechende Wortwahl bei seiner »Probepredigt« über den »heiligen Franz von Assisi«, der, so die fränkische Zeitung 1993 wieder, »schon damals als Patron der Pazifisten galt …, verfehlten ihre Wirkung nicht«. Das läßt sich nachvollziehen. Pazifismus mußte 1936 in Berlin geradezu eine Bombenempfehlung sein. Doch die fränkische Zeitung, die für die »herausragende Priesterpersönlichkeit« immerhin 165 Zeilen erübrigt, verliert über Werthmanns Tätigkeit als Stellvertretender Feldbischof Hitlers nur zehn Zeilen, uns darin mitteilend, daß er »diese Aufgabe stets im Geist der katholischen Kirche« erfüllt und – eben deshalb wurde man damals Feldbischof! – »nationalsozialistisches Gedankengut … von den Soldaten fern« gehalten habe.

Das spiegelt schon das Buch des Radikal-Pazifisten mit dem Titel: »Wir wollen dienen!« Mit dem Motto: »Glaubenskraft als Quelle der Wehrkraft!« Und mit dem Imprimatur sowohl der katholischen Kirche als auch der NS-Reichsschrifttumskammer.

Eine »eigene Soldatenseelsorge«, heißt es da, sei die »beste Tradition«, der »Wesenszug deutschen Soldatentums« in den Heeren Friedrichs des Großen gewesen, der Freiheitskämpfer von 1813, der Sieger von 1870 und, »in Form einer gewaltigen Steigerung«, in der »Katastrophe« des (Ersten) Weltkriegs. »Gesundes religiöses Glaubensleben«, schrieb Werthmann, »gibt der soldatischen Haltung ein Fundament, das tiefer verankert ist als jedes andere.« »Religiöse Haltung trieb zur Pflichterfüllung bis zum Opfertode ...«, »... es wird gekämpft, solange noch eine Handgranate vorhanden ist.« Eine zutiefst gesunde, religiöse und zumal christliche Sache war dies und ist es natürlich auch heute. Denn: »Das Christentum ... belehrt uns, daß nur die Gewalttätigen das Himmelreich an sich reißen.« Und deshalb, so forderte der Radikal-Pazifist und »Gegner der nationalsozialistischen Ideologie«, müsse die Wehrmacht des Dritten Reiches ihre »Feuerprobe der Bewährung« leisten, müsse der christliche Soldat mit seinem »Herzblut einstehen« für seinen Schwur, den Fahneneid auf Hitler, sei dieser Eid doch »aufbewahrt in den Archiven der Ewigkeit«.

Hier reicht die Linie direkt von Adolf Hitler bis zum lieben Himmelvater. Erkannten doch auch alle deutschen Bischöfe im Juni 1933 in der Autorität Hitlers »einen Abglanz der göttlichen Herrschaft und eine Teilnahme an der ewigen Autorität Gottes«. Wer da also nicht spurte, wider den Stachel löckte, wer gar den Kriegsdienst für einen der größten Verbrecher aller Zeiten verweigerte, zu dem kam dessen Stellvertretender Armeebischof mit Pistole und hakenkreuzgeschmückt in die Zelle und schrie, daß man solche Kerle »um einen Kopf kürzer« machen müsse. Und noch 1945 – Werthmann fungierte wegen Erkrankung seines Chefs in den beiden letzten Jahren der Hitlertyrannei als Armeebischof –, noch 1945 trieb dieser Mann das Kirchen- und Nazi-Kanonenfutter seiner gottgefälligen Bestimmung zu: »Vorwärts, christliche Soldaten, auf dem Weg zum Sieg!«

Werthmann mußte sich erst gar nicht in der Wolle färben. Nach dem Zusammenbruch des 1000jährigen Reiches wurde er wieder Stellvertretender Armeebischof in der Bundeswehr. Und hatte ihn der berüchtigte Faschistenpartner Pius XII. schon mitten im großen Schlachten für Hitler zum Päpstlichen Ehrenprälaten ernannt, so verlieh ihm 1958 Papst Johannes XXIII. noch die Würde eines Apostolischen Protonotars, wodurch er auf die höchste Prälatenstufe rückte. Und Bonn schmückte ihn schließlich mit dem Großen Verdienstkreuz des Verdienstordens der Bundesrepublik. Bei seinem Tod 1980 wurde er abermals mit hohen kirchlichen und militärischen Ehren überschüttet, doch noch nicht ganz zugedeckt. Denn noch 1993 zierte eine Gemeinde mit dem Namen Mistendorf (bei Bamberg), in der Werthmann zeitweise wohnte und wirkte, den Platz vor ihrer Wallfahrtskirche voller Stolz mit seinem Namen, dem Namen eines Mannes, der für einen der größten Gangster der Geschichte Millionen deutscher Soldaten in den Tod gejagt hat und dabei auch Millionen anderer Menschen zugrunde richten ließ.

Freilich beging Werthmann ein Verbrechen, das *alle* deutschen (und österreichischen) Bischöfe auch begingen. Haben sie doch *alle* Hitler, wie sie *alle zusammen* noch Ende 1941 wörtlich beteuerten, »immer wieder« und »eindringlichst« unterstützt. Und nun lügt uns diese Kirche – entgegen dem Wort ihrer eigenen Prälaten – schon ein halbes Jahrhundert das Gegenteil vor! Und sie wird, solange es sie gibt, weiterlügen.

Deshalb bin ich der Einladung von Kanal 4 aus Köln, die Geschichte von Kirche und Faschismus in zwölf Fernsehsendungen darzustellen, ebenso gern gefolgt wie dem Wunsch des Heyne Verlags zu dieser Veröffentlichung.*

---

* Nähere Informationen bietet u. a. mein 1991 von Rowohlt verlegtes Buch »Die Politik der Päpste im 20. Jahrhundert«.

Der Vatikan drängt zum Ersten Weltkrieg

Der arme Menschensohn hatte nichts, wohin er sein Haupt legen konnte. Und seine Jünger sollten das Evangelium ohne Geld im Gürtel verkünden. Nur einen Wanderstab hatte er ihnen gestattet, bei Markus; bei Matthäus und Lukas auch dies noch verboten.

Heute reist sein Jünger, ja »Stellvertreter«, in Papstmobil und Papst-Jumbo, von Leibwächtern, Reportern, Prominenz umringt – aber hinter sich eine jahrtausendealte Geschichte ungezählter Gaunereien: vom kleinen Wunder- und Reliquienschwindel, den hochverehrten Vorhäuten Jesu etwa, im Dutzend und doch jeweils im Original, versteht sich, bis hin zur ungeheuersten Fälschung aller Zeiten, der sogenannten Konstantinischen Schenkung. Durch sie hatte Kaiser Konstantin angeblich den Vorrang Roms über alle Kirchen anerkannt und den Päpsten die Herrschaft über Rom und alle abendländischen Provinzen zugestanden.

– Hinter sich eine kolossale Ausbeutung, die den römischen Bischof bereits im 5. Jahrhundert zum größten Gutsherren im ganzen Römischen Reich gemacht und die Kirche im Mittelalter zur Besitzerin eines Drittels des gesamten europäischen Bodens.

  Hinter sich die Vernichtung des Heidentums, die rauchenden Scheiterhaufen der Inquisition, die millionenfache Massakrierung der Indianer, der Schwarzen, die Judenpogrome, die direkt in Hitlers Gaskammern führen.

– Hinter sich nicht zuletzt eine ununterbrochene Kette grauenvoller Kriege und Kreuzzüge, wobei Päpste oft selbst mit Helm, Panzer und Schwert erschienen. »Opfer fallen hier, weder Lamm noch Stier, aber Menschenopfer unerhört«: Goethe.

Die Heiligen Väter raubten, was zu rauben war: Burgen, Schlösser, Städte, ganze Herzogtümer. Sie stahlen, was zu stehlen war: schon im 4. Jahrhundert das Vermögen der Tempel, im 6. das aller für sie erreichbaren Heiden überhaupt, dann den Besitz von Millionen vertriebener und erschlagener Juden, von verbrannten »Ketzern« und Hexen.

Sie nahmen auch die eigenen Schäfchen aus, durch immer höhere Steuern (allein Papst Urban VIII. erfand nicht weniger als zehn), durch Pacht, Zins, Erpressung, Ablaß, durch Reliquienschwindel und Wunderbetrug. Das italienische Volk wurde am meisten ausgeplündert, Rom selbst zur aufrührerischsten und armseligsten aller europäischen Städte gemacht: Seine Einwohnerzahl sank von zwei Millionen in heidnischer Zeit auf knapp 20 000 im 14. Jahrhundert.

Christentum: die Religion der Frohen Botschaft mit der Kriegsbemalung; die Liaison eines Gesangvereins mit einer Feuersbrunst.

Man hat oft bemerkt – von Goethe bis Dostojewski, von Nietzsche bis zu Henry Miller, der es mir selbst einmal schrieb –, käme Jesus wieder, würde er abermals gekreuzigt. Aber nur ein Kardinal der Kurie war kompetent genug, hinzuzufügen: »Doch diesmal nicht in Jerusalem, sondern in Rom.« Ja, in Jerusalem opferte sich – dem Vernehmen nach – jemand für andere, in Rom opfert man andere für sich.

Die Politik Leos XIII. (1878–1903) war von Anfang an von weltlichen Machtansprüchen geprägt. Das Bild (nach einer zeitgenössischen Zeichnung von J. Ward) zeigt den Papst beim Besuch des englischen Königs Eduard VII. im Jahre 1903. Allerdings suchte der Papst um die Jahrhundertwende vor allem die Nähe zum russischen Zaren Nikolaus II. und erhoffte sich davon die Unterordnung der russisch-orthodoxen Kirche.

Doch inzwischen ist ja alles ganz anders geworden … Nun, sehen wir einmal zu, betrachten wir die Heiligen Väter des 20. Jahrhunderts.

Um die Jahrhundertwende orientierte sich die Politik

Papst Leos XIII. vor allem an Frankreich und Rußland unter dem (1918 liquidierten) Zaren Nikolaus II. Man glaubte in Rom, die Zukunft gehöre den slawischen Völkern, unterstützte sie deshalb und erwartete als Belohnung die russisch-orthodoxe Kirche unter dem römischen Primat.

Gerade Leo XIII., der die päpstliche Souveränität erstrebte und geistige Weltherrschaft, wähnte sich diesem Ziel nah. Öffentlich zwar, wie alle Päpste neueren Datums, das Wettrüsten verdammend, erwartete er selbst einen unmittelbar bevorstehenden Weltkrieg und schilderte dem österreichischen Historiker Theodor von Sickel als »die unausbleiblichen Folgen«: »Die orientalische Frage werde sofort gelöst und zugleich der Islam überwunden werden; Rußland, von der Kirche beraten und unterstützt, werde auch den Frieden in Europa diktieren ...«

Bei diesen Worten erhob sich Leo XIII. und prophezeite dem vor ihm knienden Protestanten Sickel: »Und wenn das geschieht, werdet ihr Protestanten einfach dem Beispiel der Russen folgen.«

Als das Leben des 93jährigen Papstes 1903 erlosch, suchten die beiden großen Machtgruppen Frankreich/Rußland und Deutschland/Österreich-Ungarn mit allen diplomatischen Mitteln, einen ihrer Parteigänger auf den römischen Stuhl zu bringen. Im siebten Wahlgang glückte

Im Gegensatz zu seinem Vorgänger pflegte Pius X. (1903 bis 1914) verstärkt die Beziehungen zu den Mittelmächten Österreich und Deutschland. Pius X. starb am 20. August 1914 kurz nach Ausbruch des Ersten Weltkriegs. Kardinalstaatssekretär Mery de Val verbreitete später, dem Papst sei über dem Ausbruch des Krieges das Herz gebrochen. Vielleicht, darf man vermuten, aus Freude.

Extra-Ausgabe

Berliner Lokal-Anzeiger

32. Jahrgang. Sonntag, 28. Juni, abends. 1914.

Die Ermordung des Erzherzogs Franz Ferdinand und seiner Gemahlin.

Bei dem Besuch in Sarajewo erschossen. — Der Täter, ein Gymnasiast, verhaftet. — Eine großserbische Verschwörung.

Fruchtlose Warnung der serbischen Regierung.

Vergebliche Schutzmaßnahmen.

Benachrichtigung Kaiser Wilhelms.

Unbeschreibliche Erregung.

Der Herd der großserbischen Verschwörung.

Kaiser Franz Josefs Leidensweg.

Die Ermordung des österreichischen Thronfolgers Franz Ferdinand in Sarajevo am 28. Juni 1914 war der Auslöser für den Ersten Weltkrieg. Noch zwei Tage vor der ersten Kriegserklärung Österreich-Ungarns an Serbien, am 26. Juli 1914, erklärte Kardinalstaatssekretär Mery de Val: »Der Papst billigt ein scharfes Vorgehen gegen Serbien.«

FELIX
SCHWORMSTADT

dies aber wie so oft einem Außenseiter, dem Patriarchen von Venedig, Giuseppe Sarto, nunmehr Pius X. – Päpste und Hochstapler wechseln die Namen.

Sartos Ernennung, scheinbar ein Kompromiß, erwies sich bald als Erfolg der Mittelmächte. Im österreichischen Venetien, an der Grenze zu den Südslawen, als deren Gegner aufgewachsen, blieb Pius X. zeitlebens antislawisch gesonnen. Dagegen schätzte er den alten, der Kurie ergebenen Kaiser Franz Joseph und legte, so sagte er selbst, »stets allergrößtes Gewicht auf die Einhaltung der besten Beziehungen zu Österreich«. Denn mit Österreich, scharf auf die Ukraine, wollte man jetzt im Osten vordringen, den Balkan katholisieren und die russisch-orthodoxe Kirche unterjochen.

Gleichzeitig näherte man sich dem imperialistischen Deutschland unter Wilhelm II., das ebenfalls Expansionsgelüste im Osten befriedigen wollte. Und nachdem Österreich schon die türkischen Provinzen Bosnien und Herzegowina besetzt hatte, forderte man seinen Einmarsch auch in Albanien – auf dem Eucharistischen Kongreß 1912 in Wien.

Im Juli 1914, nach der Ermordung des österreichischen Thronfolgers Erzherzog Franz Ferdinand in Sarajevo, erläuterte Wiens Außenminister Graf Berchthold dem deutschen Botschafter: Er halte es für ausgeschlossen, daß selbst eine Regierung wie die serbische die österreichischen Forderungen schlucke. Sollte dies aber doch der Fall sein, bleibe Österreich nichts übrig, als Serbien so lange zu reizen, bis man einen Vorwand erhalte, in Serbien einzumarschieren.

Eben das war es, was Pius X. wünschte und was sich auch heute mancher wieder wünscht, diesmal von

Deutschland. Noch im Juni 1914 hatte Pius X. von seinem Kardinalstaatssekretär Mery del Val mit Serbien ein Konkordat, lateinisch für »herzliche Übereinkunft«, unterzeichnen lassen. Einen Monat später, am 26. Juli, telegrafierte der bayerische Geschäftsträger beim Heiligen Stuhl seiner Regierung: »Der Papst billigt ein scharfes Vorgehen Österreichs gegen Serbien... Der Kardinalstaatssekretär hofft, daß dieses Mal Österreich standhalten wird. Er fragt sich, wann es denn sollte Krieg führen können, wenn es nicht einmal entschlossen wäre, mit den Waffen eine ausländische Regierung zurückzuweisen, die die Ermordung des Erzherzogs herbeigeführt hat.« Und auch der österreichische Gesandte bestätigte seinem Außenminister am 27. Juli, Kardinalstaatssekretär Mery del Val hoffe, die Monarchie werde, wörtlich, »bis zum Äußersten gehen«.

Am nächsten Tag erklärte Österreich Serbien den Krieg, gedrängt vor allem auch von Berlin. Später verbreiteten Mery del Val und andere Kurienkreise, dem am 20. August 1914 verstorbenen Pius X. sei über dem Ausbruch des Krieges das Herz gebrochen. Vielleicht, darf man vermuten, aus Freude. Und 1954 sprach ihn Pius XII., der berühmte Faschistenkomplize, heilig. Wenn man ihre Heiligenlegenden liest, schreibt der große französische Aufklärer Helvetius, noch kulant untertreibend, findet man die Namen von tausend heiliggesprochenen Verbrechern.

»Mussolini ist ein wundervoller Mann«

Das römische Papsttum – durch Kriege und Betrug groß geworden, durch Kriege und Betrug groß geblieben – war vor allem durch Pius X. beträchtlich am Ausbruch des Ersten Weltkrieges beteiligt. Der Nachfolger Pius' X., Benedikt XV., vom Klatsch (nicht der bösen Welt, sondern) der Kurienkardinäle des Giftmords an einem Konkurrenten bezichtigt, lebt als der große Friedenspapst fort, der im Ersten Weltkrieg durch ergreifende Friedensappelle erbaut hat. Doch während dieser Papst den sich zerfleischenden christlichen Nationen seine schönen biblischen Sprüche zurief, Frieden, Versöhnung, Liebe, zeichnete er selbst für eine Militärseelsorge verantwortlich, die den katholischen Soldaten (und so ist es ja heute noch) das gegenseitige Abmurksen als höchste Pflichterfüllung befahl.

Täglich erschossen, erstachen, erwürgten, verbrannten und vergasten sich so 6000 bis 7000 Menschen – mit einem Umsatz der Rüstungsindustrie von 100 000 Mark, einem Reingewinn von 60 000 Mark pro Stück. Zuletzt zählte man etwa zehn Millionen Tote, dazu 20 Millionen Verwundete und Krüppel sowie sieben Millionen, die verhungert sind. Mit Wissen der obersten deutschen Behörden hatte die deutsche Rüstungsindustrie auch während des Krieges die Feindstaaten beliefert, gelegentlich nur etwa halb so teuer wie die eigene Heeresverwaltung. Einer dieser Doppelverdiener war die Firma von August Thyssen, die dann auch Hitler finanzierte. Wie schrieb der große Schriftsteller und Satiriker Karl Kraus? »Es handelt sich in diesem Krieg.« Jawohl, es handelte sich gut in diesem Krieg, den der *französische* Klerus als einen »von Gott beauftragten Sendboten« bejubelte, die katholischen *deutschen* Hirten als »heilige Zeit«, »Gnadenzeit« feierten, als »Wiederaufbau von Gottes Reich«, als den »Krieg, der dem Herrn gefällt«. Und während Feldbischof Michael von Faulhaber, später leidenschaftlicher Parteigänger Hitlers, noch die »Kanonen des Krieges« als »Sprachrohre der rufenden Gnade« verherrlichte, verklärten französische Kleriker selbst den Schützengraben zur »Grotte von Gethsemane«, das Schlachtfeld zu »Golgatha«, den Augenblick des Schlachtens zur »göttlichen Minute«.

»Gegen den Priester«, sagt Friedrich Nietzsche, »hat man nicht Gründe, man hat das Zuchthaus.« Und richtig erkannte er: »Die Priester haben immer den Krieg nötig gehabt.« Gestand doch schon im 5. Jahrhundert der Kirchenvater Theodoret: »Die geschichtlichen Tatsachen lehren, daß uns der Krieg größeren Nutzen bringt als der Friede.« Um dieselbe Zeit erklärte der Zyniker und Heilige Augustinus: »Was hat man denn gegen den Krieg? Etwa daß Menschen, die doch einmal sterben müssen, dabei umkommen?«

Der »Friedenspapst« Benedikt XV. verblich 1922, zwei neue Friedenspäpste folgten. Zunächst kam, nach dem 14. Wahlgang, Kardinal Ratti als Pius XI. Und mit seiner intensiven Hilfe – Regierungsprogramm: »Friede Christi im Reich Christi« (wohlgemerkt: nicht auf Erden über-

Benedikt XV. (1914–1922) ging als »Friedenspapst« in die Kirchengeschichte unseres Jahrhunderts ein. Vor dem Hintergrund des Ersten Weltkriegs predigte er Nächstenliebe und Versöhnung, während der deutsche Klerus von einer »heiligen Zeit« sprach und einem »Krieg, der dem Herrn gefällt«.

Als Feldpropst der bayerischen Armee stand der spätere Kardinal und leidenschaftliche Parteigänger Hitlers bereits im Ersten Weltkrieg auf der Seite der Mächtigen und stärkte die Moral in deutschen Schützengräben.

haupt, denn der Friede Christi richtet sich ja gewöhnlich gegen die übrige Welt) – kamen Mussolini, Franco, Hitler.

Zwar hatte Mussolini, Autor von »Es gibt keinen Gott« und »Die Mätresse des Kardinals«, noch 1920 religiöse Menschen krank genannt, auf die Dogmen gespuckt und sich mit Pfaffenbeschimpfungen geschmückt »wie mit einem duftenden Blumenkranz«. Doch schon 1921 rühmte er Vatikan und Katholizismus derart, daß Kardinal Ratti, ein Jahr vor seiner Papstwahl, ausrief: »Mussolini macht

Faulhaber, als Feldpropst und Bischof von Speyer hier 1917 im großen Hauptquartier in Charleville, pflegte bereits während des Ersten Weltkriegs den Kontakt zu führenden Militärs.

schnelle Fortschritte und wird mit elementarer Kraft alles niederringen, was ihm in den Weg kommt. Mussolini ist ein wundervoller Mann. Hören Sie mich? Ein wundervoller Mann!«

Papst und Duce kamen aus Mailand. Ratti wurde hier Kardinal, Mussolini gründete hier seinen ersten faschistischen Kampfbund. Beide haßten Kommunisten, Sozialisten, Liberale. Ja, beide sahen noch in Sozialdemokratie und Rationalismus Spielarten des Kommunismus. Beide propagierten ein billiges, auf Massenfang bedachtes Schwarzweißsystem, worin es bloß Gute und Böse gab, Licht oder Finsternis.

Pius XI., »zum Befehlen geboren«, und der Duce, »der immer recht hat«, regierten selbstherrlich, kompromißfeindlich. Das Volk hatte zu denken, was seine Führer dachten, und zu vollbringen, was seine Führer wollten. Der »Große Rat« des Faschismus war offensichtlich eine Nachahmung des sogenannten »Heiligen Kollegiums«, die faschistische Partei wurde nach dem Muster der »Katholischen Aktion« aufgebaut, von Pius XI. 1922 gegründet, auch die Nachfolge des Duce ähnlich geregelt wie die des Papstes.

Beide, Mussolini und Ratti, hatten, von beiden bezeugt, schon vor dem »Marsch auf Rom« (28. Oktober 1922) verhandelt, jener massenwirksamen, aber überflüssigen Farce von 40 000 Schwarzhemden, denn Mussolini war vom König bereits mit der Bildung der Regierung beauftragt, be-

Als Nachfolger von Benedikt XV. wurde 1922 Pius XI. (1922 bis 1939) zum Papst gewählt. Im gleichen Jahr übernahm Benito Mussolini in Italien die Macht. Ganz im Interesse des neuen Papstes, der auch in Deutschland und Spanien den aufkeimenden Faschismus unterstützte.

vor seine Anhänger Rom erreichten. »Es sind die Vorherbestimmten, die uns fehlen, um den« – ausgerechnet – »Frieden zu bringen«, bekannte Pius XI. im Sommer 1923 und rühmte den Faschistenführer: »Für Italien hat Gott einen solchen Mann erweckt … er allein hat erfaßt, was sein Land benötigt.«

Da nämlich Mussolini – im Gegensatz zum früheren liberalen Regime Italiens – Presse- und Versammlungsfreiheit aufhob, da er die Kruzifixe in die Schulen zurückbringen, den Religionsunterricht wieder einführen, da er anstelle von Kant Texte des Augustinus und des Thomas von Aquin setzen, da er die katholische Familienpolitik fördern, beschlagnahmte Kirchen und Klöster zurückgeben, da er die staatlichen Subventionen für kirchliche Bauten erhöhen und die staatlichen Zuschüsse an den Klerus erhöhen ließ, wurde klar: Mussolini war von Gott gesandt.

Und in der Tat, kaum hatte der einstige Antiklerikale und Atheist, der nun bald vor versammelten Faschisten zur Madonna beten konnte, der bei seinem ersten Auftritt vor den Abgeordneten der Kammer »Gottes Beistand« anrief wie keiner seiner Vorgänger im Regierungsamt seit 1870 mehr, kaum hatte Mussolini gleich sechs katholische Geistliche in sein erstes Kabinett geholt, da beglich er auch die »Rechnung auf dem Gebiet des Höheren und Höchsten«, wie der »Bayrische Kurier« es feinsinnig nannte: Er beglich nämlich die Schulden des »Banco di Roma«, der Hausbank zahlreicher katholischer Organisationen, mit engen Verflechtungen zum riesigen Netz katholischer Raiffeisenbanken, er bewahrte damit ein Geldinstitut vor dem unmittelbaren Bankrott, dem auch die Kurie selbst und mehrere ihrer Hierarchen hohe Summen anvertraut

Das Bild zeigt Pius XI. bei der Eröffnung der päpstlichen Sendestation. Links neben dem Papst der Kardinalstaatssekretär, Eugenio Pacelli, der nach 1939 als Papst Pius XII. die faschistenfreundliche Politik seines Vorgängers fortsetzte.

Mit dem Marsch auf Rom am 28. Oktober 1922 erzwangen die Faschisten unter Benito Mussolini (zweiter von links) den

Rücktritt der Regierung Luigi Factas. Mussolini wird zum Ministerpräsidenten berufen.

hatten (und dem zeitweise Ernesto Pacelli, der Onkel des nächsten Papstes, präsidierte).

Die 1,5 Milliarden Lire, mit denen Mussolini so großzügig einsprang, um »katastrophale Folgen« für den italienischen Katholizismus zu verhindern, stammten, versteht sich, aus der Staatskasse, weshalb Kardinal Vanutelli, Dekan des »Heiligen Kollegiums«, erklärte, Mussolini sei auserwählt »zur Rettung der Nation und zur Wiederherstellung ihres Glückes«.

Hitler und Adenauer bejubeln das klerofaschistische Bündnis in Italien

Das römische Papsttum förderte durch Pius XI. entscheidend die Heraufkunft des Faschismus in Italien. Dankbar nahm Mussolini nicht nur sechs Geistliche in sein erstes Kabinett auf, sondern rettete auch sogleich den »Banco di Roma«, den der Vatikan und mehrere seiner Hierarchen hohe Summen anvertraut hatten, vor dem Bankrott.

Im Gegenzug dafür schränkte Papst Pius XI. den Einfluß des antifaschistischen Partito Popolare Italiano, 1919 von dem sizilianischen Geistlichen Luigi Sturzo gegründet, immer mehr ein. Denn Sturzo, Generalsekretär der Katholischen Aktion, stand theologisch zwar rechts, politisch verwarf er aber das bisherige Bündnis der Katholiken mit den Konservativen. Er propagierte eine gewisse soziale Orientierung, Agrarreform, Zerstückelung des Großgrundbesitzes, Förderung des Kleineigentums, wobei er mit den gemäßigten Gewerkschaften kooperierte, ja gemeinsam mit den Sozialisten für den Achtstundentag eintrat. Das alles paßte dem »Heiligen Vater« viel weniger ins Konzept als der Faschismus. Und da man dem Partito Popolare, der dem deutschen Zentrum nachgebildeten katholischen Volkspartei, durchaus zutraute, im Bündnis mit den Sozialisten den Faschismus zu liquidieren, wie im August 1924 die vatikanische Jesuitenzeitschrift, das Sprachrohr des Papstes, einräumte, mußte Sturzo fallen.

Schon 1923 erzwang deshalb die Kurie Sturzos Rücktritt als Parteisekretär, im Mai 1924 seinen Rücktritt aus dem Vorstand. Im September verurteilte der Papst persönlich und öffentlich eine Koalition der Volkspartei mit den verfassungsgetreuen Sozialisten. Im Oktober mußte Sturzo, mit anderen Gesinnungsgenossen, ins Exil, womit der gefährlichste Gegenspieler des Faschismus im Kampf um die Macht eliminiert war.

Wie der Vatikan zehn Jahre später in Deutschland den katholischen Reichskanzler Brüning und das Zentrum preisgab, so damals den Katholiken Sturzo und bald auch dessen Partei. Ein Priester, der ein soziales Ethos vertrat, das zumindest den Landbesitzern als »schwarzer Bolschewismus« erschien, der entschieden die Emanzipation der Laien vom Klerus in der Politik erstrebte, konnte bei einem Papst, der nichts mehr als Linke fürchtete, unermüdlich aber auch den liberalen Laizismus bekämpfte, keine Gnade finden. Um so weniger, als Sturzos Partei auch die Lösung der »Römischen Frage« nicht wesentlich genug erschien, einer Frage, die für das Papsttum 1870 entstanden war, als Italien den Kirchenstaat beseitigt, Rom besetzt und zur Hauptstadt gemacht hatte. Zum argen Mißfallen von Pius XI. weigerte sich nun die Volkspartei, die Versöhnung von Staat und Kirche im Sinne des »Heiligen Stuhls« in ihr Programm aufzunehmen.

So drang Pius XI. nach Sturzos Fall auch auf das Ausscheiden aller Priester aus der katholischen Partei, was deren Auflösung gleichkam.

Doch damit noch nicht genug: Der »Stellvertreter Christi« protestierte nicht einmal, als mehrere ihrer Mitglieder, auch Geistliche, von Faschisten getötet wurden. Er protestierte erst recht nicht gegen die Liquidierung einiger tausend Kommunisten und Sozialisten, darunter Mussolinis erbittertster Gegner, der junge Strafrechtslehrer

Der Mord an dem italienischen Sozialistenführer Giacomo Matteotti 1924 führte in Mussolinis noch jungem Staat zu einer schweren Krise. Der Vatikan indessen enthielt sich jeglicher Stellungnahme zu derartigen Vorfällen. Selbst als Geistliche von den Faschisten entführt und ermordet wurden, protestierte der Papst nicht.

Am 11. Februar 1929 unterzeichneten Mussolini und der Kardinalstaatssekretär Gasparri die Lateranverträge. Dieses Vertragswerk beinhaltet die Anerkennung eines souveränen Staates Vatikanstadt durch die italienische Regierung, daneben aber auch ein Finanzabkommen, in dem der Kurie als Entschädigung für die 1870 erlittenen Verluste 1,75 Millionen Lire zuerkannt wurden. Die Vatikanbank, die zu dieser Zeit kurz vor dem Bankrott stand, wurde dadurch völlig konsolidiert.

und Sozialistenführer Giacomo Matteotti, der sein ganzes Vermögen armen Bauern seiner Provinz geschenkt hatte.

Der Mord an Matteotti führte zur schwersten inneren Erschütterung des Faschismus zwischen 1922 und 1943. Mussolini schien am Ende, jäh vereinsamt, fast ganz Italien stand gegen ihn. Man forderte seine Absetzung vom

König. Da aber ergriff die Kurie Partei für ihn, rühmte ihn das päpstliche Hofblatt »Osservatore Romano« ebenso wie die vatikanische Jesuitenzeitung oder der langjährige Kardinalstaatssekretär Pietro Gasparri. Und natürlich der Papst selbst, der es ablehnte, die Witwe Matteottis auch nur zu empfangen.

Am 20. Dezember 1926 verkündete der »Heilige Vater« wieder einmal: »Mussolini wurde uns von der Vorsehung

Drei Jahre nach dem Abschluß der Lateranverträge zwischen der faschistischen Regierung Italiens und dem Vatikan, am 11. Februar 1932, gewährte Pius XI. dem Duce erstmals eine Audienz. Mussolinis Wagen fährt hier durch ein Spalier wartender Menschen über den Petersplatz.

gesandt.« Der Duce hatte kurz zuvor die Mandate der nicht faschistischen Kammer- und Senatsmitglieder für ungültig erklärt, ihre Parteien aufgelöst und mit der faschistischen Umgestaltung des Staates begonnen.

Drei Jahre später, am 11. Februar 1929, unterzeichneten im Lateran, dem päpstlichen Palast, Benito Mussolini und Kardinalstaatssekretär Pietro Gasparri die Lateranverträge. Es war das bedeutendste kirchenpolitische Ereignis im Pontifikat Pius' XI., die wichtigste außenpolitische Entscheidung des Papsttums seit 1870. Das Vertragswerk umfaßte einen Staatsvertrag, ein Finanzabkommen, ein Konkordat, Verträge, die das Ansehen der Faschisten enorm steigerten, vor allem aber der Kurie gewaltige Vorteile brachten.

Zwar verzichtete Pius XI. damit definitiv auf den Kirchenstaat, der im 8. Jahrhundert durch Betrug und Krieg gewonnen und 1870 von Italien besetzt worden war. Dafür bekam der Papst aber uneingeschränkte Souveränität auf dem Gebiet der Vatikanstadt und als Abfindung »das Kapital einer Weltbank«, die (nach damaliger Währung) ungeheure Summe von einer Milliarde Lire in Staatspapieren und 750 Millionen Lire in bar, bei fünfprozentiger Verzinsung eine Jahresrente von fast 90 Millionen. Der Katholizismus wurde Staatsreligion, die kirchliche Ehe der bürgerlichen ebenbürtig, die Scheidung unmöglich, der Religionsunterricht obligatorisch. Antikirchliche Bücher, Zeitungen, Filme wurden unter Zensur gestellt, die Kritik des Katholizismus unter Strafe. Der Staat verpflichtete sich, seine ganze Gesetzgebung mit dem kirchlichen Recht abzustimmen.

Was gab die Kirche dafür? Sie sah, im eigenen Interesse wohl, eine Verringerung der 279 italienischen Bistümer

Militärgeistliche der Alpini-Truppe nehmen 1938 mit angelegtem Orden und faschistischem Gruß an einer Parade teil. Der Katholizismus war zu dieser Zeit in Italien längst Staatsreligion geworden und die Kritik an der katholischen Kirche unter Strafe gestellt. Die Zusammenarbeit zwischen Staat und Kirche funktionierte reibungslos.

vor, sie erlaubte der Regierung, bei der Ernennung von Bischöfen und Pfarrern politische »Bedenken« zu äußern. Und sie untersagte – das schönste Geschenk für Mussolini – allen Geistlichen parteipolitische Betätigung. »Ist Konkordat und Kirchenplan nicht glücklich durchgeführt. Ja, fangt einmal mit Rom nur an, da seid ihr angeführt.« (Goethe)

Die geistige Unabhängigkeit Italiens war damit zu Ende. Was der Protest von vier Vorgängern beim liberalen Italien nicht erreicht hatte, erreichte Pius XI. durch die Faschisten. Es »waren Dinge« geschehen, »wie man sie seit über einem Jahrhundert in der Kirchenpolitik Italiens nicht mehr erlebt hatte«, erklärte Rechtsanwalt Francesco Pacelli, der jahrelang, meist geheim, mit Mussolini selbst die Verträge ausgehandelt hatte, nach ihrer Ratifizierung den Titel eines Markgrafen bekam und nach Krönung seines Bruders zum Papst Pius XII. in den erblichen Fürstenstand erhoben wurde.

Rom triumphierte. Und mit ihm jubelte die ganze katholische Welt. In München pries Adolf Hitler die klerofaschistische Verbrüderung kaum minder als sein späterer Gefolgsmann Kardinal Faulhaber, der sie »nicht Menschenwerk«, nein »eine Gottestat« nannte. Und der Kölner Oberbürgermeister Konrad Adenauer, der im Winter 1932/33 auch erklärte, daß »eine so große Partei wie die NSDAP unbedingt führend in der Regierung vertreten sein müsse«, der Katholik Adenauer prophezeite dem Faschisten Mussolini in einem Glückwunschtelegramm, sein Name werde in goldenen Buchstaben in die Geschichte der katholischen Kirche eingetragen werden.

»Aufrichtige Segenswünsche« zur Machtergreifung Hitlers

Pius XI., der durch die Preisgabe der katholischen Volkspartei Italiens und Mussolinis Erhebung in wenigen Jahren so sensationelle Erfolge in Italien errungen hatte, versuchte nun einen ganz ähnlichen Umsturz in Deutschland durch Preisgabe der katholischen Zentrumspartei. Beide Male betrieb der Papst die Auflösung der eigenen katholischen Partei, um dort Mussolini, hier Hitler an die Macht zu bringen.

Wie der Katholik Mussolini hatte der Katholik Hitler ein sehr ambivalentes, wenn auch ganz anders geartetes Verhältnis zum Katholizismus. Als Schüler besuchte er zwei Jahre lang das Benediktinerstift Lambach, war dort Ministrant, was auch Heinrich Himmler gewesen war, und wollte einmal Abt werden. Später verdankte Hitler dem katholischen München »so gut wie alles«. Hier stützten und schützten ihn katholisch-konservative Politiker und katholisch-konservative Gerichte. Er gewann in Bayern Boden, indem er sich als künftiger Vernichter des jüdischen Bolschewismus präsentierte; indem er in seinem Buch »Mein Kampf« und in seinen Reden die römische Kirche, deren enormen Einfluß er in Österreich kennengelernt hatte, über alles schonte. Ja, ausdrücklich bekannte er sich zum »Werk des Herrn«, versprach wiederholt, seine Bewegung für immer frei zu halten »von allen religiösen Diskussionen und Kämpfen«, und erklärte 1928 in Passau: »In unseren Reihen dulden wir keinen, der die Gedanken des Christentums verletzt, der einem anders Gesinnten Widerstand entgegenträgt, ihn bekämpft oder

Die Bayerische Volkspartei und das katholische Zentrum waren sich bereits kurz nach dem Ersten Weltkrieg im Kampf gegen den Kommunismus einig. Für einen Zusammenschluß der beiden Parteien mit den Nationalsozialisten plädierte Pius XI. schließlich 1931.

sich als Erbfeind des Christentums produziert. Diese unsere Bewegung ist tatsächlich christlich.«

An seiner politischen Gegnerschaft zum Zentrum aber ließ Hitler stets so wenig einen Zweifel wie andererseits das Zentrum an seinem Antinazismus. Ebenso der deutsche Episkopat, jedenfalls vor 1933. Stand jedoch die Phalanx des deutschen Katholizismus bis zum Frühjahr 1933 nahezu geschlossen gegen die Nazipartei, so dachte man über sie im Vatikan bereits ganz anders. Im kommunistischen Rußland die größte Christenbekämpfung der neuesten Zeit, in Deutschland Hitlers spektakuläre Erfolge zu Beginn der dreißiger Jahre vor Augen, konnte für das stets opportunistische Papsttum, das durch Anpassung an den jeweils Stärksten lebt und überlebt, die Entscheidung nicht anders ausfallen. Nichts betet die römische Kurie mehr an als Macht und Erfolg. Hatte sie auch keine Sympathie für die nazistische Rassenideologie, so jagte und mordete ihr eigener Anhang doch die Juden durch zwei Jahrtausende. War Rom auch der wilde Antiklerikalismus eines Rosenberg oder Streicher verhaßt – Hitler persönlich hatte sich immer wieder auf den Boden des Christentums gestellt und seine Geneigtheit, mit den Kirchen zu kooperieren, signalisiert.

So plädierte Pius XI. schon 1931 für ein Zusammengehen des Zentrums und der katholischen Bayerischen Volkspartei mit den Nationalsozialisten. Ähnlich äußerte sich im Sommer des folgenden Jahres Kardinalstaatssekretär Pacelli, der nächste Papst, den am meisten am Wahlausgang nicht die 120 Mandate beunruhigten, die Hitler dazugewonnen hatte, sondern die elf weiteren der Kommunisten.

Sofort nach der Wahl 1932 hoffte und wünschte der Kardinalstaatssekretär gegenüber dem bayerischen Vatikangesandten, Baron Ritter, daß die »auf christlicher Grundlage stehenden Parteien, zu denen sich gleichfalls die nunmehr stärkste Partei des Reichstags, die National-

Franz von Papen stand als Monarchist auf dem rechten Flügel des katholischen Zentrums. Seit 1932 regierte er mit Hilfe der Präsidialvollmachten Hindenburgs und arbeitete Hand in Hand mit den Nationalsozialisten. Auf der hier abgebildeten Propagandapostkarte von 1932 wirbt er für den Kampfbund Schwarz-Weiß-Rot, ein Wahlbündnis zwischen der Deutschnationalen Volkspartei (DNVP) und dem rechtsradikalen Stahlhelm.

sozialistische Partei, zähle, alles daransetzen werden, den hinter der Kommunistischen Partei marschierenden Kulturbolschewismus von Deutschland fernzuhalten.« Notwendig erschien Pacelli nun eine neue Koalition im Reichstag, was für das Zentrum und die katholische Bayerische Volkspartei hieß, »sich jetzt mehr nach rechts zu orientieren und dort eine für ihre Grundsätze tragbare Koalition zu suchen«.

Nur allzu verständlich, daß der Kardinalstaatssekretär, der als einstiger Nuntius in München und Berlin die Verhältnisse im Reich genau kannte, die Zentrumspartei, das politische Instrument der Kurie in Deutschland, den Nazis nun direkt in die Arme steuerte.

Einer seiner Paladine, der Päpstliche Kammerherr und nachmalige Stellvertreter Hitlers, Franz von Papen, beseitigte im Sommer 1932 als Reichskanzler die sozialdemokratische Regierung Braun-Severing, hob das Verbot der SA und der SS auf und tat alles, um Hitler an die Macht zu bringen. Zweiter im Bund: Pacelli-Freund Prälat Ludwig Kaas, Professor für Kirchenrecht, der als Zentrumsführer keine wichtige Entscheidung ohne Pacellis Zustimmung fällte. Kaum hatte Kaas das Votum seiner Fraktion für Hitlers »Ermächtigungsgesetz«, das diesem die Diktatur ermöglichte, verschwand er nach Rom. Von dort sandte er Hitler, mit dem er unmittelbar zuvor, ohne Wissen selbst seiner nächsten Parteifreunde, unter vier Augen konferiert hatte, »aufrichtige Segenswünsche«, forderte die Auflösung des Zentrums, die auch prompt erfolgte, und beschwichtigte, nach Rücksprache mit dem Papst und Pacelli, viele protestierende Katholiken: »Hitler weiß das Staatsschiff wohl zu lenken. Noch ehe er Kanzler wurde, traf ich ihn wiederholt und war sehr beeindruckt von sei-

Der spätere Papst Eugenio Pacelli (sitzend, in der Mitte), hier bei einem Treffen mit deutschen Bischöfen in Mainz 1928, war seit 1917 Titularbischof und Nuntius in München und von 1920 bis 1929 in Berlin. Mit den deutschen Verhältnissen war er dadurch bestens vertraut. 1930 wurde er Kardinalstaatssekretär unter Pius XI. und damit einer der engsten Vertrauten des Papstes. Nach der Machtübernahme Hitlers in Deutschland forderte er das Zentrum und die katholische Bayerische Volkspartei auf, »sich jetzt mehr nach rechts zu orientieren« und mit den Nationalsozialisten »eine für ihre Grundsätze tragbare Koalition zu suchen«.

ner Art, den Tatsachen ins Auge zu sehen und dabei doch seinen edlen Idealen treu zu bleiben ...«

Nicht das Gros der Katholiken also ging zuerst zu Hitler über, wie man der Welt so gern vorgelogen hatte, dann der Episkopat, dann die Kurie; sondern umgekehrt: Der Papst entschloß sich, das mit Mussolini geglückte Experiment mit Hitler zu wiederholen, die deutschen Bischöfe gehorchten, und die Gläubigen mußten folgen.

In Ansprachen im November 1933 bekannte der Päpstliche Kammerherr von Papen, daß »ich damals bei der Übernahme der Kanzlerschaft dafür geworben habe, der jungen kämpfenden Freiheitsbewegung den Weg zur Macht zu ebnen«, daß »die Vorsehung mich dazu bestimmt hatte, ein Wesentliches zur Geburt der Regierung der nationalen Erhebung beizutragen«, daß »das wundervolle Aufbauwerk des Kanzlers und seiner großen Bewegung unter keinen Umständen gefährdet werden dürfe« und daß »die Strukturelemente des Nationalsozialismus ... der katholischen Lebensauffassung nicht wesensfremd« seien, »sondern sie entsprechen ihr in fast allen Beziehungen«. »Der liebe Gott«, rief Papen, »hat Deutschland gesegnet, daß er ihm in Zeiten tiefer Not einen Führer gab«.

Professor Ludwig Kaas, bereits 1920 Berater des Nuntius Eugenio Pacelli, war zwischen 1928 und 1933 Vorsitzender des Zentrums. 1933 trat er für die Zustimmung zum Ermächtigungsgesetz und damit für Hitlers Ausbau der Diktatur in Deutschland ein. Kaas wirkte beim Abschluß des Reichskonkordats im gleichen Jahr maßgeblich mit. Nach der Wahl Pacellis zum Papst Pius XII. wurde Kaas, der zwischenzeitlich in Rom lebte, erneut einflußreicher Berater des Papstes.

Hitlers erster völkerrechtlicher Vertrag – mit dem »beste(n) Freund ... des neuen Reiches«

Nachdem nun der Führer bekommen hatte, was des Führers war, mußte auch der Papst das Seine erhalten. Am 10. April 1933 erschienen bei ihm Hitlers Vizekanzler Franz von Papen und Hermann Göring, der bereits mit der »Nacht der langen Messer« gedroht und geäußert hatte: »Ich habe keine Gerechtigkeit auszuüben, sondern nur zu vernichten und auszurotten.« Pius XI. empfing beide mit großen Ehren und zeigte sich, nachdem er Hitler schon früher wiederholt für sein Verbot der Kommunistischen Partei gelobt hatte, abermals beglückt darüber, an der Spitze der deutschen Regierung eine Persönlichkeit zu sehen, die kompromißlos gegen den Kommunismus kämpfe.

So schloß man bereits am 20. Juli 1933 das Konkordat, dessen meiste Artikel, fast zwei Drittel, zugunsten der Kirche ausfielen. Doch wichtiger als jede Einzelheit erschien Hitler das Konkordat als solches (der einzige seiner maßgeblichen außenpolitischen Verträge übrigens, der das Fiasko Deutschlands überdauerte und noch heute in der Bundesrepublik geltendes Recht darstellt). Sein erster völkerrechtlicher Kontrakt. Und mit dem Papst geschlossen! Der »Heilige Vater«, bescheinigten alle katholischen Bischöfe Deutschlands Hitler später – und diese Tatsache muß man sich merken! –, hat derart »das moralische Ansehen Ihrer Person und Ihrer Regierung in einzigartiger Weise begründet und gehoben« – ich wiederhole: Nach dem Zeugnis des gesamten deutschen Episkopats hat der

Papst das Ansehen Adolf Hitlers begründet, und er hat es gehoben, in einzigartiger Weise –, was Hitler mit Recht als »rückhaltlose Anerkennung« und »unbeschreiblichen Erfolg« bezeichnen konnte, verlieh es ihm doch plötzlich vor aller Welt die Legitimität.

Denn in Wirklichkeit – und auch dies ist äußerst bemerkenswert angesichts der nun schon jahrzehntelangen schamlosen Widerstandslügen dieser Kirche, die freilich seit fast zwei Jahrtausenden lügt – denn »in Wirklichkeit«, wie Kardinal Faulhauber von München predigte, »ist Papst Pius XI. der beste Freund, am Anfang sogar der einzige Freund des neuen Reiches gewesen. Millionen im Ausland standen zuerst abwartend und mißtrauisch dem neuen Reich gegenüber und haben erst duch den Abschluß des Konkordats Vertrauen zur neuen deutschen Regierung gefaßt.«

Dabei war der Papst auch mit der eventuellen Mißachtung völkerrechtlicher Verträge durch Hitler einverstanden, traf er doch mit ihm schon damals, in einem geheimen Zusatzprotokoll, eine Abmachung für den Fall, daß die allgemeine Wehrpflicht eingeführt werden würde.

Nachdem aber Rom gesprochen hatte, schwenkte der deutsche Episkopat jäh zu Hitler um, nun, so ein Erzbischof: »der große Führer unseres Volkes …« Und Adolf Bertram, Kardinal von Breslau, pries jetzt dem hochverehrten Herrn Reichskanzler sogleich die Katholiken an als »zuverlässige Stützen der staatlichen und kirchlichen Autorität« und versicherte, sie seien »freiwillig und aus edelsten Motiven zur Mitarbeit« bereit, »auch gern … zu Geländesport und Wehrertüchtigung.« Er rechtfertigte die entschlossene Kehrtwendung des hohen Klerus mit den ekelhaften Sätzen: »Wieder hat sich gezeigt, daß unsere Kirche an kein politisches System, an keine weltliche

Die katholische Kirche war von Anfang an um ein gutes Verhältnis zu Hitler bemüht. Dabei war es nicht die Mehrheit der katholischen Bevölkerung, die hinter Hitlers Politik stand, wie im nachhinein immer wieder gerne behauptet wurde, vielmehr kam die Zustimmung direkt aus dem Vatikan.

Am 10. April 1933, kurz nach der Machtergreifung der NSDAP in Deutschland, gewährte Pius XI. Hitlers Vizekanzler Franz von Papen – hier mit dessen Frau und Monsignore Migone – und Hermann Göring eine Audienz. Der Papst zeig-

te sich beglückt darüber, mit Hitler eine Persönlichkeit an der Spitze der deutschen Regierung zu haben, die kompromißlos gegen den Kommunismus kämpfe.

Oben: Das Konkordat zwischen der NS-Regierung und dem Heiligen Stuhl – vertreten durch Franz von Papen und Eugenio Pacelli – am 20. Juli 1933 war Hitlers erster völkerrechtlicher Vertrag. Er orientierte sich an den italienischen Lateranverträgen und sah unter anderem vor, daß katholische Geistliche sich nicht politisch betätigen durften. Jeder politische Widerstand von Priestern wurde somit von höchster Stelle unterbunden. Dazu Pacelli am 26. Juli 1933 im »Osservatore Romano«: Der Vertrag führe »sowohl im ganzen wie auch in seinen einzelnen Teilen die Tradition der Kirche, auch die jüngste, in wunderbarer Weise« fort.

Spätestens nach Unterzeichnung des Reichskonkordats stellte sich nahezu der gesamte deutsche Episkopat auf die Seite Hitlers. So versprach der hier abgebildete Bischof Bornewasser, dem Nazistaat »zu dienen mit dem Einsatz aller Kräfte unseres Leibes und unserer Seele«.

Regierungsform, an keine Parteikonstellation gebunden ist. Die Kirche hat höhere Ziele ...«

Dabei waren für den Freiburger Weihbischof Burger die »Ziele der Reichsregierung ... schon längst die Ziele unserer katholischen Kirche«; versprach Bischof Bornewasser von Trier, dem Nazistaat »zu dienen mit dem Einsatz aller Kräfte unseres Leibes und unserer Seele«; wollte Bischof Vogt von Aachen »am Aufbau des neuen Reiches freudig mitarbeiten«; wollte es Bischof Berning von Osnabrück, von Göring zum Staatsrat ernannt, nebst allen deutschen Oberhirten »mit heißer Liebe und mit allen un-

Vizekanzler von Papen (links) mit dem Reichsverkehrsminister Paul Freiherr von Eltz-Rübenach (rechts) bei der Fronleichnamsprozession in Berlin am 31. Mai 1934.

seren Kräften« unterstützen; sah Bischof Graf von Galen, der große katholische Widerstandskämpfer, »die höchsten Führer unseres Vaterlandes erleuchtet und gestärkt« durch die »liebevolle Führung« Gottes selbst; stellte sich der Freiburger Erzbischof Gröber, der »braune Konrad«, förderndes Mitglied der SS (wozu ihn freilich wohl nur die entdeckte Verbindung mit einer Geliebten, noch dazu einer jüdischen Geliebten getrieben hatte), nun »restlos hinter die neue Regierung und das neue Reich«; rief Bischof Kaller von Ermland: »Diese große Zeit ist eine Gnade Gottes«; kam es Kardinal Faulhaber, dem hochverdienten Feldprediger des Ersten Weltkriegs, dem Speichellecker von Kaisern, Königen und Diktatoren, durchaus typisch »aufrichtig aus der Seele: Gott erhalte unserem Volk unseren Reichskanzler«.

Ja, alle biederten und bräunten sich jetzt an – bis hin zu Konrad Adenauer wieder. Denn dieser lebenslange Opportunist, der als Oberbürgermeister Kölns 1917 die Stadt »untrennbar mit dem Deutschen Reich vereinigt« sehen, sie 1919 aber »direkt oder als Pufferstaat zu Frankreich« bringen wollte, erklärte im Winter 1932/33 öffentlich, »daß nach meiner Meinung eine so große Partei wie die NSDAP unbedingt führend in der Regierung vertreten sein müsse« – und zählte schließlich in einem Brief an Hitlers Innenminister seine Verdienste für die Nazipartei auf, die er »immer durchaus korrekt behandelt« habe, sogar »wiederholt in Gegensatz zu den damaligen ministeriellen Anweisungen« (!), und dies auch noch »jahrelang«.

Kurz, die Stimmung war so, daß gegen Jahresende die – schon im Ersten Weltkrieg vor Chauvinismus und Kriegshetze überschäumende – Jesuiten-Zeitschrift »Stimmen der Zeit« nicht nur Hitler das Glaubenssymbol der deut-

Noch im Winter 1932/33 biederte sich auch Konrad Adenauer, der damalige Oberbürgermeister von Köln und Präsident des Katholikentages, bei den Nationalsozialisten an. Adenauer erklärte öffentlich, »daß nach meiner Meinung eine so große Partei wie die NSDAP unbedingt führend in der Regierung vertreten sein müsse«.

schen Nation nannte, sondern auch das Kreuz Christi die notwendige Ergänzung des Hakenkreuzes: »Das Zeichen der Natur findet seine Erfüllung und Vollendung erst im Zeichen der Gnade.« 1947 schrieb dieselbe Zeitschrift: »Kirche und Nationalsozialismus schlossen sich in allem Wesentlichen gegenseitig aus wie Licht und Finsternis, wie Wahrheit und Lüge, wie Leben und Tod.«

Vor 1933 gegen den Nazismus. Nach 1933 für den Nazismus. Seit 1945 wieder dagegen. Dies Verhalten ist mutatis mutandis durchaus symptomatisch für das Verhalten der römischen Kirche durch fast zwei Jahrtausende und die Erklärung für ihr Überleben. Aber: Wer seinen Standpunkt wechselt, muß nicht seine Überzeugung wechseln, wenn das Wechseln des Standpunkts zu seiner Überzeugung gehört.

Mussolinis Überfall auf Abessinien – ein »Evangelisationsfeldzug«

Das römische Papsttum hatte durch Pius X. den Ausbruch des Ersten Weltkriegs gefördert sowie durch Pius XI. entscheidend die Heraufkunft des Faschismus in Italien und Deutschland. So gut wie jedes große innenpolitische und erst recht jedes außenpolitische Verbrechen Hitlers und Mussolinis wurde dabei vom Vatikan mitgetragen und intensiv unterstützt.

Zum Beispiel der faschistische Raubüberfall auf Abessinien, den man als »Evangelisationsfeldzug« ausgab.

Nach einem Streit im Jahr 1931, der rein theologische Fragen betraf, blieb die Kollaboration zwischen Episkopat und italienischem Faschismus ungetrübt. Ja, mit den weltpolitischen Erfolgen des »Duce« wuchs die Begeisterung der Monsignori fortgesetzt. Schon 1932 nannte Kardinal Gasparri die faschistische Regierung Italiens »die einzige Ausnahme in der politischen Anarchie der Regierungen, Parlamente und Schulen der ganzen Welt« und rühmte dem Faschistenchef nach, sein Kabinett »in Übereinstimmung mit den moralischen Gesetzen Gottes« – das heißt: des Papsttums – zu bringen. Ergo arbeiteten die Diener Gottes auch im Dienst des »Duce«; einige sogar in dessen Geheimpolizei, wie der von ihm monatlich finanzierte Erzbischof Margotti. Im Gegenzug erklärte Mussolini: »Ich wünsche überall im Land die Religion zu sehen. Man soll die Kinder den Katechismus lehren …, wie jung sie auch sein mögen.« Die Schüler sprachen das von der Kirche verfaßte Gebet: »Duce, ich danke dir, daß du es mir ermöglichst hast, gesund und kräftig aufzuwachsen. O lieber Gott, behüte den Duce, damit er dem faschistischen Italien lang erhalten bleibt.« Die Bücher der italienischen Elementarschulen bestanden überhaupt zu einem Drittel aus Katechismusstücken und Gebeten und zu zwei Dritteln aus Verherrlichungen des Faschismus und des Krieges, den man dann auch bald in Abessinien begann.

Mussolini hatte den Überfall in Nordafrika seit 1933 heimlich vorbereitet, angeblich, weil in Italien der Raum für die Landwirtschaft knapp war. Doch gab es in Italien noch sehr viel unbebautes Land, das freilich den Großagrariern und dem noch heute größten Grundbesitzer der christlichen Welt, der Kirche, gehörte. Mit beiden durften die Faschisten es nicht verderben, also führten sie Krieg. »Wir pfeifen«, schrie Mussolini am 6. Juli 1935 in Eboli seinen Soldaten zu, »auf alle Neger der Gegenwart, Vergangenheit und Zukunft und deren eventuelle Verteidiger«, und versprach allen zusammen »Kartätschenladungen feurigen Bleis«.

Während 52 Völkerbundstaaten den am 3. Oktober 1935 ohne jede Kriegserklärung mit großer militärischer Überlegenheit begonnenen Überfall auf das wehrlose abessinische Volk als eine widerrechtliche Aggression verdammten, unterstützten nach einer Untersuchung der Universität von Harvard wenigstens sieben italienische Kardinäle, 29 Erzbischöfe und 61 Bischöfe den faschistischen Raubzug sofort, und zwar ungeachtet des 1929 abgeschlossenen Konkordats, das den Bischöfen jede politische Betätigung strikt untersagte.

Ein Appell und Hirtenbrief folgte dem andern. Der Kardinalerzbischof von Genua ließ seine Geistlichen die Bevölkerung zur Metallspende antreiben. Der Fürsterzbischof von Florenz erklärte es für die Pflicht eines jeden

Über die Hälfte der Bevölkerung Abessiniens sind Christen. Durch portugiesische und italienische Besetzung – mit Unterbrechungen seit dem 17. Jahrhundert – hatte die katholische Kirche bereits früh starken Einfluß gewonnen. Unser Bild zeigt Papst Pius XI. 1931 bei der Segnung abessinischer Studenten in der Vatikanstadt. Vier Jahre später, als Mussolini mit eindeutig expansionistischen Zielen in dem afrikanischen Land einmarschierte, verkündete der Papst, daß es sich hier um das »Werk der christlichen Zivilisation zum Wohle der äthiopischen Barbaren« handele.

Am 3. Oktober 1935 startete Mussolini ohne jede Kriegserklärung seinen Überfall auf Abessinien. Italienische Kardinäle und Bischöfe hießen den »Evangelisationsfeldzug« gut, und nichts schien ihnen wichtiger, als die Truppen, Waffen und Bombenflugzeuge zu segnen. Auch die italienische Bevölkerung, die hier beim Auslaufen der »Biancamano« aus dem Hafen von Neapel den Soldaten noch ein letztes Mal zujubelt, stand hinter diesem Angriff.

guten Bürgers und Christen, der Regierung beizustehen. Die Erzbischöfe von Messina und Brindisi protestierten gegen die Sanktionen Englands und forderten ihre Diözesanen auf, den Opfermut der alten Römer nachzuahmen.

Der Erzbischof von Parma ermahnte die Katholiken, an der Spitze der eifrigsten und treuesten Bürger zu marschieren, und zögerte nicht zu sagen: »Das Vaterland befindet sich im Belagerungszustand«. Der Erzbischof von Mailand, Kardinal Schuster, der die ausrückenden Räuber vor seiner Kathedrale segnete, verglich Mussolini mit Caesar, Augustus, Konstantin und belehrte die Jugend, durch das Werk des Duce habe »Gott vom Himmel geantwortet«.

Die Prälaten unterstützten von den Kanzeln herab die Parteiredner. Sie riefen zu Spenden auf für den Sieg und

Der abessinische Kaiser Haile Selassie versuchte vor dem Völkerbund in Genf, hier bei seiner Anklagerede, sein Recht gegen den Angreifer Italien zu bekommen. Insgesamt 52 Völkerbundstaaten verdammten daraufhin Mussolinis widerrechtliche Aggression. Der Vatikan freilich konnte und wollte sich diesem Urteil nicht anschließen.

opferten sogar ihre goldenen Bischofskreuze, Halsketten, Ringe, Uhren. (Und in Abessinien raubte man dann das Gold des Negus, kaiserliche Throne, Kronen, Kutschen, Säbel, Tafelgeschirre, vieles aus schwerem Gold und übersät mit Edelsteinen.) Noch von Klöstern und Wallfahrtsorten verlangte der hohe Klerus die Herausgabe der kostbarsten Votivgeschenke, er verbot Diskussionen über die Berechtigung des Krieges, kurz, so sogar ein katholischer Publizist: »Die gesamte Welt verdammte Mussolini, ausgenommen der Papst.«

Der Papst nämlich verkündete am 27. August, als die Kriegsvorbereitungen auf Hochtouren liefen, ein Verteidigungskrieg (!) zum Zwecke der Expansion (!) einer wachsenden Bevölkerung könne gerecht und richtig sein. Schon wenige Tage darauf ließ er im vatikanischen »Osservatore Romano« ein von 19 Erzbischöfen und 57 Bischöfen unterzeichnetes Telegramm an Mussolini veröffentlichen, worin es hieß: »Das katholische Italien betet für die wachsende Größe seines geliebten Vaterlandes, das durch Ihre Regierung einiger denn je ist.« Und zwei Tage später, am 7. September, suchte noch einmal Pius XI. selbst die sehr wenig kriegswilligen Italiener und die Weltöffentlichkeit durch die Erklärung zu beeinflussen, obwohl er für den Frieden bete, wünsche er doch, daß »die Hoffnungen und Rechte ... des italienischen Volkes befriedigt und in Gerechtigkeit und Frieden anerkannt ... werden«.

Und während des Raubzuges ließ er seine Bischöfe die faschistischen Greuel als Sache »der Wahrheit und Gerechtigkeit«, als »heilige Sache«, »heiligen Krieg« propagieren und feiern, als »Kreuzzug«, »Evangelisationsfeldzug«, als »Werk der christlichen Zivilisation zum Wohle

Die italienischen Kriegsherren bereicherten sich am Gold und den Reichtümern abessinischer Herrscher, wo es möglich war. Der italienische Oberkommandierende Marschall Badoglio hält hier die Insignien des Ras Mulugueta in Händen, der sich den vorrückenden italienischen Truppen unterwarf.

der äthiopischen Barbaren«! Und während die italienischen Oberhirten Waffen und Bombenflugzeuge segneten, während sie den Abessiniern zu beten befahlen und behaupteten, an ihnen eine große zivilisatorische Mission zu erfüllen, schickte man Marienbilder, Kanonen und Giftgas nach Afrika, und von Afrika sandten die faschistischen Soldaten Postkarten, worauf über dem Turm eines von vorrückender Infanterie flankierten, geschützrauchumwölkten Panzerwagens eine sternenbekränzte Madonna mit dem Kinde thronte. Unterschrift: »Ave Maria«. Und die Halbnackten dort, ohne Gasmasken, Schutzräume, lagen schließlich da, wo das aus der Luft verspritzte, hautverbrennende, lungenzerreißende Gas sie erreicht hatte, und wurden alle, tot oder halbtot, auf dem hygienischsten Weg durch Flammenwerfer beseitigt.

Zu den wichtigsten Kriegslieferanten gehörte damals eine vatikanische Munitionsfabrik.

»Ave Maria« – Postkarte, die von italienischen Soldaten im Abessinienkrieg verschickt worden ist.

200 000 Hinrichtungen – »Die alten christlichen Traditionen« in Spanien

Das römische Papsttum hatte durch Pius X. den Ausbruch des Ersten Weltkriegs gefördert und durch Pius XI. entscheidend die Heraufkunft des Faschismus in Italien, Deutschland und schließlich auch im katholischen Spanien unterstützt.

Seit der Antike besaß der Klerus in Spanien besondere Macht. Die Ketzerverfolgungen, Judenpogrome, die Inquisition, die Sklaverei florierten, und dementsprechend war der Reichtum der Kirche – allein die Jesuiten kontrollierten im frühen 20. Jahrhundert ein Drittel des gesamten spanischen Kapitals. Tausende saßen seinerzeit auf Betreiben der Kirche in Gefängnissen, wurden nach mittelalterlichen Methoden gefoltert, Hunderte erschossen. Ganze Landstriche verfielen dem Hunger. So schlossen sich die bis aufs Blut ausgebeuteten Massen immer mehr den liberalen, sozialistischen und radikal-sozialistischen Parteien an. Zu Beginn der dreißiger Jahre war Spanien nicht mehr katholisch. Fast ohne einen Tropfen Blut zu vergießen und mit Zustimmung der überwältigenden Mehrheit der Bevölkerung beseitigte man 1931 die Monarchie, erklärte die Republik und führte eine Fülle von bisher hintertriebenen, doch dringend notwendigen Reformen durch.

Die neue, durch legitime Wahlen zustande gekommene Regierung war keineswegs antireligiös oder gar darauf aus, Spanien antichristlich werden zu lassen. Doch der Episkopat versuchte sofort, seine ursprüngliche Machtposition wiederzugewinnen. Er hetzte offen gegen den Staat, dabei gestützt auf die Anhänger des alten Regimes, Großagrarier und Adel, sowie auf die rückständigste Schicht, Teile der bäuerlichen Bevölkerung, dank der katholischen Erziehungsarbeit noch im dritten Jahrzehnt des 20. Jahrhunderts zu 80 Prozent Analphabeten. Bereits im Siegesjahr Hitlers forderten die spanischen Bischöfe und der Papst in einer Enzyklika vom 3. Juni einen »heiligen Kreuzzug für die vollständige Wiederherstellung der kirchlichen Rechte«.

Als Ende 1933 die alle Maßnahmen der Regierung bekämpfenden Rechtsparteien die Mehrheit im Parlament erlangten, wurden in den »beiden schwarzen Jahren« des sehr kirchen- und faschistenfreundlichen Kabinetts Lerroux die Errungenschaften der jungen Republik wieder liquidiert. Ungezählte verloren nun erneut Arbeit und Brot, landeten, ohne jeden Prozeß, nur aus politischen Gründen, im Kerker, wo man sie häufig noch folterte: allein im Oktober/November 1934 erlitten dieses Schicksal 30 000 Menschen. Es kam zu einer Kette von Streiks, Massendemonstrationen, lokalen Erhebungen. Schließlich schlossen sich unter dem wachsenden Druck der Rechten am 16. Januar 1936 Arbeiter, Bauern, Klein- und Mittelbürgertum samt der sozial empfindenden Intelligenz in der »Volksfront« zusammen und errangen am 16. Februar gegen die »Nationale Front«, die kirchlichen, faschistischen, monarchistischen Kreise, wieder einen überwältigenden Sieg.

Im April 1931 wurde in Spanien unter dem Jubel der Bevölkerung die Republik ausgerufen. Die Monarchie war beseitigt. Doch obwohl die neue Regierung zunächst nicht antiklerikal eingestellt war, fürchtete der Episkopat, seine Vormachtstellung zu verlieren.

NARO
COCKTA

Die republikanisch-sozialistische Koalition sah in den Vertretern von Militär, Kirche und Kapital bereits kurz nach Ausrufung der Republik die eigentlichen Feinde der neuen Staatsform, wie dieses regierungsamtliche Plakat aus den dreißiger Jahren zeigt.

Das Verhältnis zwischen dem italienischen Faschistenführer Mussolini (rechts) und dem spanischen Diktator Franco (Mitte) war von Anfang an auf Zusammenarbeit angelegt. Schon 1934 unterstützte der Duce die spanischen Verschwörer in ihrem Kampf gegen die Republik. Zur Regierungszeit Francos schickte der italienische Verbündete Truppen in den spanischen Bürgerkrieg.

Gerade dieser Triumph aber veranlaßte die Rechtsradikalen zum offenen Aufstand gegen die Regierung. Noch Ende Juli beförderten deutsche Transportflugzeuge Francos mohammedanische Mauren, die ihre Opfer kastrierten, und seine Legionäre, frei nach der Losung: »Es lebe der Tod! Nieder mit der Intelligenz!« zur Rettung des katholischen Abendlandes übers Meer, worauf sie ihre ersten Heldentaten in Sevilla vollbrachten, dessen Arbeiterviertel sie durch Artilleriebeschuß dem Erdboden gleichmachten, nachdem sie alle – so gut wie waffenlosen – Männer auf den Straßen zusammengetrieben und mit dem Messer abgestochen hatten.

Die Nazis schickten zu Francos Unterstützung bald Jagd-, Kampf-, Aufklärungsmaschinen sowie sonstiges Kriegsmaterial. Gleichzeitig eilten die Italiener dem General zu Hilfe. Der von Gott gesandte Duce, der den spanischen Verschwörern schon 1934 mit Waffen und Geld beigesprungen war, setzte jetzt mehr als 100 000 Soldaten in Marsch. Das hochklerikale Portugal, seit 1931 »Unserer Lieben Frau von Fatima« geweiht, nun Hauptnachschubweg Hitlers und Waffenankaufszentrale Francos, warf 20 000 Portugiesen in die Schlacht. Ebenfalls schickte das katholische Irland eine Brigade für den »christlichen Kreuzzug«. Als die jedoch neben Francos Mohammedanern fechten sollte, die man, um den Schein zu wahren, in Mönchskutten gesteckt hatte, waren die Iren nicht mehr für den heiligen Krieg zu gebrauchen und wurden kaum noch eingesetzt.

Doch obwohl in Spanien weder ein kommunistischer noch ein antireligiöser, auch kein grundsätzlich antikatholischer Staat bestand, obwohl es unter den fast 500 Abgeordneten des spanischen Parlaments nur 15 Kommunisten gab, täuschten die Klerofaschisten der ganzen Welt ihren Putsch als Religionskrieg gegen den gottlosen Kommunismus, als, so wörtlich der spanische Episkopat, »Kreuzzug gegen die rote Weltrevolution« vor – eine vom Vatikan ebenso wie von Hitlers Propagandaminister verbreitete Geschichtsfälschung, die sich auf den Entschluß fast aller europäischen Länder und der USA auswirkte, die spanische Regierung nicht zu unterstützen.

Die Kurie aber intensivierte in der ganzen katholischen Welt eine breit angelegte Kampagne gegen den Bolschewismus. Als erste ausländische Flagge wehte über Francos Hauptquartier die päpstliche, und über dem Vatikan wurde bald das Banner Francos gehißt. Auch rief Papst Pius XI. zur selben Zeit wie Hitler in Nürnberg die Welt zum Kampf gegen den Kommunismus auf, nannte die Bom-

Italienische Soldaten kämpften im spanischen Bürgerkrieg an der Seite spanischer Faschisten. Hier warten italienische Truppen auf einen letzten Angriff auf Toledo im März 1939.

General Franco bei der Messe für den am 9. Oktober 1958 verstorbenen Papst Pius XII., der an der Unterstützung von Francos Politik nie einen Zweifel gelassen hatte.

Links: Eugenio Pacelli, langjähriger Kardinalstaatssekretär unter Pius XI., wurde nach dessen Tod zu seinem Nachfolger gewählt. Als Papst Pius XII. bestimmte er die Politik des Vatikans bis 1958. Nach seiner Inthronisierung 1939 war es sein Wunsch an Franco, daß dieser »die alten christlichen Traditionen« wiederaufnehmen solle. Nach dem Bürgerkrieg in Spanien, zwischen 1939 und 1942, ließ Franco ganz in diesem Sinne mehr als 200 000 Menschen erschießen.

benhilfe seiner faschistischen Verbündeten wörtlich »Schutz- und Heilmittel« und schlug im Sommer 1938 die Bitte der französischen und der englischen Regierung, sich einem Protest gegen die Bombardierung der republikanischen Zivilbevölkerung anzuschließen, rundheraus ab. Dagegen dankte er, mitten im Krieg, dem Rebellengeneral Franco für ein Huldigungstelegramm, hoch erfreut darüber, »daß wir in der Botschaft Ew. Exzellenz den angestammten Geist des katholischen Spanien pulsieren fühlen«. Und am Ende des dreijährigen Gemetzels forderte der kurz zuvor gekrönte Pius XII. Franco auf, »mit neuer Energie die alten christlichen Traditionen« wieder aufzunehmen.

Redefreiheit, Pressefreiheit, Versammlungsfreiheit wurden nun in Spanien wieder aufgehoben; Literatur, Film, Funk unter strenge Zensur gestellt; alle Parteien, außer der faschistischen, verboten; alle nichtkatholischen Bekenntnisse unterdrückt, auch sämtliche protestantischen Kirchen und Schulen geschlossen. Der Katholizismus wurde Staatsreligion. Militärtribunale und Exekutionskommandos waren pausenlos tätig. Allein in Madrid fanden nach Schätzungen des italienischen Außenministers Graf Ciano täglich 200 bis 250 Hinrichtungen statt. Nach offiziellen Statistiken der spanischen Regierung ließ Franco vom Ende des Bürgerkrieges 1939 bis zum Frühjahr 1942, also in der Zeit, in der er auf Wunsch des neuen Papstes begann, »die alten christlichen Traditionen« wieder aufzunehmen, mehr als 200 000 Menschen erschießen; das entspricht einem Drittel aller Opfer des Bürgerkrieges.

»… mag kommen, was will.« – Die Stimme der Hirten- und Bistumsblätter

Während die päpstlichen Komplizen Mussolini, Hitler, Franco Triumph auf Triumph an ihre Fahnen hefteten, standen selbstverständlich die Bischöfe dieser Staaten – und nicht nur sie – unverbrüchlich zu den Starbanditen des Jahrhunderts. In Deutschland legten so gut wie alle namhaften Vertreter des Katholizismus Treuebekenntnis um Treuebekenntnis zu Adolf Hitler ab.

Die prominentesten Theologen bekannten sich begeistert zu ihm und seiner Bewegung, Joseph Lortz etwa, Michael Schmaus oder Karl Adam, ein katholischer Gelehrter von Weltgeltung, der noch 1940, als Hitlers Ruhm gipfelte, schrieb: »Nun steht dieses neue dritte Reich vor uns, voll heißen Lebenswillens und Leidenschaft, voll unbändiger Kraft, voll schöpferischer Fruchtbarkeit. Wir Katholiken wissen uns als Glieder dieses Reiches und erblicken unsere höchste irdische Aufgabe in unserem Dienst am Reich … Um des Gewissens willen dienen wir dem neuen Reich mit allen unseren Kräften, mag kommen, was will …«

Nun freilich, was kam schon! Das Jahr 1951 – und das Große Bundesverdienstkreuz der Bundesrepublik Deutschland für Karl Adam. Verliehen vom Bundespräsidenten Theodor Heuss, der seinerseits schon 1932 in seinem Buch »Hitlers Weg« Hitlers »lautere Beweggründe«, »Aufrichtigkeit«, »fabelhafte Leistung«, seinen Willen, »der nicht handeln und bandeln, der siegen will«, gerühmt hatte, obwohl Heuss wußte, daß »Köpfe rollen« würden. Und auch der Bundespräsident Heuss erhielt, wie Hitlers

Lobsinger Adam, den Friedenspreis des deutschen Buchhandels.

Wie die renommiertesten Theologen, so traten auch die Führer der deutschen katholischen Jugend mit aller Entschiedenheit für Hitler ein, der Verbandsführer des CV, Forschbach, der Generalpräses des Jungmännerverbandes, Monsignore Wolker, der Generalsekretär des katholischen Gesellenvereins, Nattermann. Er feierte den Stifter des Gesellenvereins – den dann 1980 auch von Papst Johannes Paul II. in Köln hoch gelobten –, Adolf Kolping, und schrieb an Hitler, er, der Führer, habe Kolpings Streben durch politische Macht vollendet.

Daß die katholischen (und natürlich ebenso die evangelischen) Bischöfe Deutschlands dem nationalsozialistischen Bluthund beistanden, daß sie seinen Staat und ihn selbst immer wieder priesen, wurde hier bereits gezeigt. Doch nicht nur 1933 sahen sie im Hitlerreich, wie alle Bischöfe zusammen bekannten, »einen Abglanz der göttlichen Herrschaft und eine Teilnahme an der ewigen Autorität Gottes«. Nicht nur 1933 stellten sie sich, wie man der Welt immer wieder weismachen will, »durch Hitlers diabolische Taktik« getäuscht, hinter diesen. Nein, die klare, durch Hunderte von Hirtenbriefen und Bistumsblätterhymnen zu beweisende Tatsache ist: Bis in die letzten Jahre des Zweiten Weltkriegs unterstützten die deutschen (und seit 1938 auch die österreichischen) katholischen Bischöfe mit zunehmender Intensität einen der größten Verbrecher der Weltgeschichte.

Konsequent wurde von ihnen jeder, der den NS-Staat angriff, preisgegeben, ja oft im Sinn der Nazis zu bekehren versucht! So versichert 1935 die Denkschrift der Fuldaer Bischofskonferenz an Hitler: »Wir lehnen jede staats-

Der päpstliche Nuntius in Berlin, Cesare Orsenigo, hatte über die Machtergreifung der Nationalsozialisten offen frohlockt, ganz im Sinne des Heiligen Vaters. Das Bild zeigt ihn in einer Reihe sitzend mit Goebbels (ganz links) und Hitler, kurz vor einer Ansprache des Führers am 6. April 1933 vor der ausländischen Presse.

Unter den Zehntausenden Fotos, die Hitler zwischen 1933 und 1945 in vielen Situationen wiedergeben, gibt es nur wenige Aufnahmen, die ihn zusammen mit Geistlichen oder vor oder in einer Kirche zeigen. Wo solche Aufnahmen durch Zufall entstanden, wurden sie meist nicht zur Veröffentlichung freigegeben. Dieses Bild vom Mai 1935 ist eine der wenigen Ausnahmen. Es zeigt Hitler beim Betreten der katholischen Hedwigskirche in Berlin, wo nach dem Tod des polnischen Staatspräsidenten, Marschall Pilsudski, ein Requiem abgehalten wurde.

Auch prominente Theologen bekannten sich begeistert zu Hitler und der faschistischen Bewegung. Neben Joseph Lortz und Karl Adam sah der hier abgebildete katholische Dogmatiker Michael Schmaus die »Tafeln des nationalsozialistischen Sollens und die der katholischen Imperative … in dieselbe Wegrichtung« weisen.

feindliche Handlung oder Haltung von Mitgliedern strengstens ab.« Nicht genug: Noch Hitlers Gegner in Zuchthäusern und Konzentrationslagern wollten sie zu Nazi-Kreaturen machen. Beteuert doch die Fuldaer Bischofskonferenz 1935 wieder: »Die für die Gefangenen bestellten Geistlichen werden ... die Sträflinge zur ... Anerkennung der staatlichen Obrigkeit verpflichten und so zur inneren Umstellung und Besserung der Gefangenen mithelfen.« Als der Bischof Berning von Osnabrück 1936 die damals bereits berüchtigten Konzentrationslager im Emsland besichtigte, bejubelte er die Tätigkeit Himmlers und seiner Kreaturen und wollte, wörtlich, alle hierhergeführt sehen, »die noch zweifeln an der Aufbauarbeit des Dritten Reiches«. Im selben Jahr, Dezember 1936, versichern die deutschen Bischöfe wieder gemeinsam, Hitler in seinem Abwehrkampf »mit allen Mitteln zu unterstützen«.

1937 veröffentlichte der Freiburger Erzbischof Gröber, Förderndes Mitglied der SS, ein »Handbuch der religiösen Gegenwartsfragen«, und zwar, wie auf dem Titelblatt steht: »Herausgegeben mit Empfehlung des deutschen Gesamtepiskopates«. Darin geloben die katholischen Kirchenführer Hitler ihre besondere Treue und die freudige Hinwendung der Katholiken zum nationalsozialistischen Staat; sie bescheinigen Hitler die Wiederherstellung der Menschenwürde; sie feiern das Dritte Reich als Rechtsstaat; sie preisen es als Verteidiger europäischer Kultur; und sie bekennen sich zum totalitären Regime. »Sofern der Staat auf dem wesenseigenen Gebiet die Totalität beansprucht ..., die Zügel straffer spannt ..., weiter geht als in Zeiten ruhiger Entwicklung, so ist er mit alledem durchaus im Recht.« Kein einziger Hirtenbrief, so erklärt der deutsche Primas, Kardinal Bertram, seinerzeit, habe den Staat, die Bewegung oder den Führer kritisiert.

In der Tat: Mit Ausnahme von Bischof Galens Protest gegen die Vernichtung von physisch Kranken betraf der sogenannte Kirchenkampf lediglich eigene Interessen: Hitlers Religionspolitik, seine Verletzungen des Konkordats. Dagegen begehrte der deutsche Episkopat auf. Er wehrte sich gegen die Beschneidung kirchlicher Ansprüche auf dem Gebiet der Jugenderziehung, des Schulwesens, der Presse; er wehrte sich gegen die Gleichschaltung katholischer Vereine, gegen die Konfiskation von Kirchengütern, die Mönchsprozesse, gegen Kritik am Alten Testament, an den Evangelien. Aber nie protestierten die deutschen Bischöfe gegen Hitlers Aufhebung der demokratischen Grundrechte, der Presse-, Rede-, Versammlungsfreiheit, was ja auch uralten katholischen und päpstlichen Vorstellungen entsprach. Nie protestierten sie gegen die massenweise Verhaftung von Kommunisten, Sozialisten, Liberalen, die sie ja selbst bekämpften. Nie protestierten sie gegen Hitlers über Millionen von Leichen gehende Kriege, ihnen zumal im Osten hoch willkommen. Und daß sie für die zu Tode geschundenen Juden nicht viel empfanden, versteht sich nach dem fast 2000jährigen grauenhaften christlichen Antijudaismus, den Hitler nur fortsetzte, von selbst.

Kurz, nie protestierten diese Bischöfe gegen eine Poli-

Nächste Doppelseite: Mit Rücksicht auf die Feiertagsruhe des Weihnachts- und Neujahrsfestes hatte Hitler angeordnet, daß die traditionellen Neujahrs-Glückwunschempfänge nicht mehr am 1. Januar stattfinden sollten. So verliest der Doyen des diplomatischen Korps, Nuntius Cesare Orsenigo, die Neujahrsansprache vor Hitler am 10. Januar 1937.

tik, mit der der Faschismus die halbe Welt ins Unglück stürzte. Das störte sie nicht. Das unterstützten sie scham- und hemmungslos und immer wieder, wie sie seinerzeit in ihrer Gesamtheit selbst bekundeten. Und machen seitdem ihre wohldotierten Funktionäre der Welt das Gegenteil vor, so nur deshalb, weil ihresgleichen der Welt immer etwas vorgemacht hat, immer; weil ein Theologe, laut Nietzsche, mit jedem Satz, den er spricht, nicht nur irrt, sondern lügt. Ihre Dokumente, ihre »Hirtenbriefe«, ihre Bistumsblätter sprechen hier eine kompromittierende, eine vernichtende Sprache.

Glockengeläut und Gebete beim Anschluß Österreichs

Das römische Papsttum war den Faschisten bei ihrem Raubüberfall auf Abessinien frenetisch beigesprungen, ebenso wie Franco im spanischen Bürgerkrieg, und selbstverständlich ließ es auch Hitlers Annexion Österreichs 1938 durch seinen Klerus eifrig segnen.

Man hatte vorgearbeitet. Schon im 19. Jahrhundert florierte ein christlicher Antisemitismus in Österreich, der den jungen Hitler entscheidend geprägt und schließlich direkt zum Nazismus geführt hat. In Zeitungen, in Volks- und Wahlversammlungen, ja auf den Kanzeln gingen die Geistlichen gegen die Juden vor. Und noch vom österreichischen Klerus der dreißiger Jahre konnte man sagen, er habe sich im Stil von der Nazipropaganda oft kaum unterschieden. Der Linzer Bischof Gföllner etwa hetzte 1933 in einem Hirtenbrief gegen das »entartete Judentum«, bejammerte seinen »überaus schädlichen Einfluß auf fast allen Gebieten des modernen Kulturlebens« und machte den Kampf dagegen zur »strenge(n) Gewissenspflicht eines jeden überzeugten Christen«.

Im nächsten Jahr, 1934, unternahmen die österreichischen Nazis einen Putschversuch, der 269 Tote kostete, darunter Bundeskanzler Dollfuß selbst. Von zwei Schüssen niedergestreckt – der tödliche Schuß kam aus einer Dienstpistole der Polizei –, empfahl der katholische Kanzler sterbend seine beiden Kinder dem Schutz Mussolinis. Nachfolger wurde der Tiroler Generalssohn, Zögling der Jesuitenschule von Feldkirch und Bandinhaber der katholischen Verbindung »Austria-Wien«, Kurt von Schusch-

Der österreichische Kanzler Kurt von Schuschnigg (außen rechts), hier zusammen mit Bischof Besson, war dem Katholizismus vielfach verbunden. Mit seiner zugleich faschistenfreundlichen Politik förderte er den Anschluß Österreichs 1938.

Rechts: Die größte Kundgebung, die Wien in seiner neueren Geschichte gesehen hat, kam auf dem Heldenplatz vor der Hofburg zusammen, als Hitler hier vom Balkon herab feierlich »vor Gott und der Welt« den Anschluß Österreichs und die Gründung des Großdeutschen Reichs verkündete.

nigg. Dem Katholizismus vielfach verbunden, erstrebte der christlich-soziale neue Kanzler ein gemäßigtes klerikal-faschistisches System, eine Integration der Nazis und einen Ausgleich mit Nazideutschland. Dabei geriet er immer mehr unter den Druck und die ultimativen Drohungen Hitlers, der seine Zwecke durch den ihm unmittelbar unterstellten und zum Botschafter in Wien gemachten nachmaligen Päpstlichen Kammerherrn Franz von Papen verfolgen ließ.

Die österreichischen Bischöfe zwar kollaborierten zunächst so wenig wie ursprünglich die deutschen. Doch wie diese vor 1933 geschlossen gegen Hitler waren, nach 1933 dafür, 1945 wieder dagegen, so standen schließlich auch die österreichischen Bischöfe vor 1938 gegen das deutsche Regime, dann zu ihm, und 1945 natürlich wieder dagegen.

Am 12. März 1938 überschritten Hitlers Truppen die Grenze – und bereits am nächsten Tag brachte die »Reichspost«, die schon 1935, angeregt durch von Papen, die Zusammenarbeit von Katholizismus und Nationalsozialismus gefordert hatte, den Aufruf des Wiener Kardinals Innitzer: »Die Katholiken der Wiener Erzdiözese werden ersucht, Sonntag zu beten, um Gott dem Herrn zu danken für den unblutigen Verlauf der großen politischen Umwälzung und um eine glückliche Zukunft für Österreich zu bitten. Selbstverständlich muß allen Anordnungen der Behörden gern und willig Folge geleistet werden.« Wieder einen Tag später ließ Kardinal Innitzer durch einen Anruf den deutschen »Führer« in Österreich willkommen heißen und ihn wissen, bei seiner Ankunft würden auf Weisung des Kardinals alle Kirchenglocken Wiens läuten.

Und kaum war Hitler in Wien, machte die katholische Eminenz bei ihm ihre Huldigungsvisite im Hotel Imperial.

Der Wiener Kardinal Theodor Innitzer, hier bei seiner Ernennung zum Erzbischof von Wien im Jahre 1932, ließ Hitler gleich nach dessen Einmarsch in Österreich willkommen heißen und ihn wissen, bei seiner Ankunft würden auf Weisung des Kardinals alle Kirchenglocken Wiens läuten.

Von hinten beschimpft und bespuckt, von vorn durch präsentierende SS-Posten geehrt, stieg der Kirchenfürst – das wüste Pfeifen und Pfuirufen der Menge im Ohr: »Nach

Nicht nur in Wien, überall in Österreich wurde der Führer von hohen katholischen Würdenträgern begrüßt. Der Fürstbischof Dr. Heffter dankt hier Hitler im Rathaus von Klagenfurt in Anwesenheit der Stadtprominenz für den Anschluß, den er als große geschichtliche Tat bezeichnet.

Dachau, nach Dachau!«, »In den Kanal mit dem Kardinal!« – unerschüttert lächelnd zur Suite seines »Führers« hinauf. Und Hitler, der sich über die Anbiederei (um einen anderen Ausdruck mit A zu vermeiden) der katholischen Prälaten des öfteren mokierte, Hitler selbst berichtet, der Kardinalerzbischof habe ihn »mit so strahlendem Gesicht angesprochen ..., als ob er während der ganzen österreichischen Systemzeit nie auch nur einem einzigen

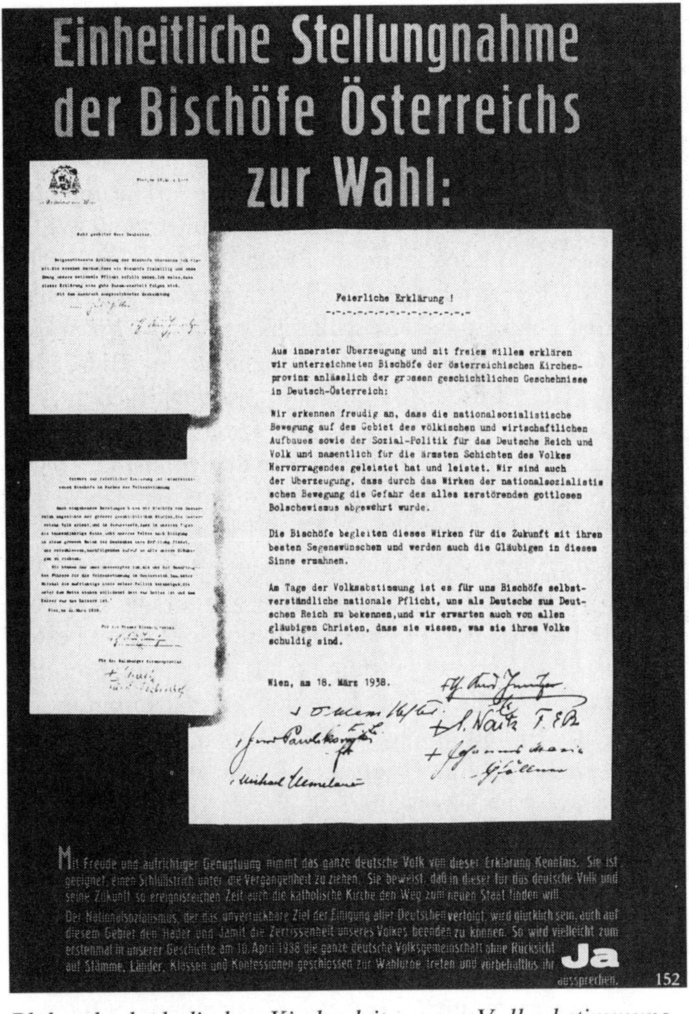

Plakat der katholischen Kirchenleitung zur Volksabstimmung am 10. April 1938: das vorbehaltlose JA zum Faschismus und damit zu Antisemitismus und Völkermord.

Nationalsozialisten je ein Härchen gekrümmt gehabt habe.«

Im übrigen hatte er, bei aller zur Schau getragenen Freundlichkeit, kaum Zeit für den Kirchenmann, der seinerseits, wieder nur wenige Tage danach, am 18. März, mit seinen geistlichen Herren die »Feierliche Erklärung« abgab: »Aus innerster Überzeugung und mit freiem Willen erklären wir unterzeichneten Bischöfe der österreichischen Kirchenprovinz anläßlich der großen geschichtlichen Geschehnisse in Deutschland-Österreich: Wir erkennen freudig an, daß die nationalsozialistische Bewegung auf dem Gebiet des völkischen und wirtschaftlichen Aufbaues sowie der Sozialpolitik für das deutsche Reich und Volk und namentlich für die ärmsten Schichten des Volkes Hervorragendes geleistet hat und leistet. Wir sind auch der Überzeugung, daß durch das Wirken der nationalsozialistischen Bewegung die Gefahr des alles zerstörenden gottlosen Bolschewismus abgewehrt wurde. Die Bischöfe begleiten dieses Wirken für die Zukunft mit ihren besten Segenswünschen und werden auch die Gläubigen in diesem Sinne ermahnen. Am Tage der Volksabstimmung ist es für uns Bischöfe selbstverständlich nationale Pflicht, uns als Deutsche zum Deutschen Reich zu bekennen, und wir erwarten auch von allen gläubigen Christen, daß sie wissen, was sie ihrem Volke schuldig sind.«

Kardinal Theodor Innitzer übersandte die »Feierliche Erklärung« dem neu ernannten Wiener Gauleiter Bürckel, versicherte dabei abermals, »daß wir Bischöfe freiwillig und ohne Zwang unsere nationale Pflicht erfüllt haben«, prophezeite »eine gute Zusammenarbeit« und grüßte: »Mit dem Ausdruck ausgezeichneter Hochachtung und Heil Hitler!« Später stellten die österreichischen

Gleich nach dem Anschluß Österreichs begannen die antisemitischen Ausschreitungen, die vor allem in Wien auf eine lange Tradition zurückblicken konnten. Das Foto zeigt ein jüdisches Kind, das gezwungen wird, die Wohnung und das Geschäft seiner Eltern mit der Aufschrift »Jud« zu beschmieren.

Kirchenblätter die »Feierliche Erklärung« ihrer Bischöfe als erzwungen hin. Und Innitzers »Heil Hitler« wurde überhaupt als Fälschung erklärt, obwohl er es doch gerade dem maschinenschriftlichen Text handschriftlich angefügt hatte. Hitler selbst trat in 13 Wahlreden Anfang April als Gottgesandter auf, verkündete ein »Gottesgericht«, ein »Wunder«, den »Willen des Allmächtigen«. Und Kardinal Innitzer, der am 6. April mit einigen seiner Bischöfe vom Papst empfangen worden war, wies nach seiner Rückkehr aus Rom den Wiener Klerus an, deutsche Fahnen an den Kirchen aufzuhängen und am Vorabend der Volksabstimmung die Glocken zu läuten – und betrat am 10. April ein Wahllokal mit dem »deutschen Gruß«.

Und alsbald begann in Österreich eine »Orgie des Sadismus«, eine hundsföttische Behandlung der Juden, die man auf Knien Straßenrinnsale, Klosetts von SA und SS reinigen ließ, die man zu Tausenden in die Gefängnisse steckte, hatte doch gerade in den christlichen Kreisen Österreichs der Klerus den Antisemitismus seit langem geschürt.

»... dem Führer nichts sehnlicher als einen Sieg«

Die Unterstützung der faschistischen Regimes in Europa durch Papst Pius XI. geschah mit dem kaum minder gewichtigen Beistand des Kardinalstaatssekretärs Pacelli, der gerade Hitler seit langem in die Hände gearbeitet hatte. Als Eugenio Pacelli am 2. März 1939 als Pius XII. den Römischen Stuhl bestieg, begrüßte das Auswärtige Amt in Berlin die Wahl ebenso wie die gesamte Nazipresse. Und selbstverständlich waren auch die italienischen Faschisten voller Beifall für den neuen Papst. Der zwölfte Pius, stets auf Ausgleich und Vermittlung im Kirchenkampf mit Hitler bedacht, empfing als ersten Botschafter den deutschen und gab auch seine Wahl, wie er selbst betonte, als erstem Staatsoberhaupt dem »Führer« bekannt. Und nach dessen bereits siebenjähriger Terrorherrschaft – auch der große Judenpogrom, die »Kristallnacht«, war schon vorüber – erflehte er für den Diktator, wörtlich, »mit den besten Wünschen den Schutz des Himmels und den Segen des allmächtigen Gottes«; ein im Umfang wie in seiner Gefühlsbekundung singuläres päpstliches Schreiben seinerzeit.

Kurz nach Pacellis Thronbesteigung fielen Hitlers Truppen in die Tschechoslowakei ein. Doch selbst »eindringliche Versuche«, den Papst zum Anschluß an die Proteste der demokratischen Staaten zu bewegen, lehnte Pius XII., wie der deutsche Vatikan-Botschafter telegrafierte, »sehr entschieden ab«. Dagegen wünschte er allen kundzutun, »wie sehr er Deutschland schätze, und daß er gewillt sei, für Deutschland viel zu tun«. Ja, er gestand nicht nur,

Deutschland »immer geliebt« zu haben, sondern »es jetzt noch viel mehr« zu lieben, sich seiner »Größe«, seines »Aufschwungs« zu freuen und »ein blühendes, großes und starkes Deutschland« zu wollen.

Eben: Nazideutschland, dessen Ausdehnung nach Osten und dessen Zerschlagung der »Hussitenrepublik« dem Papst besonders willkommen waren. Einer seiner Erfüllungsgehilfen, der katholische Geistliche und Ministerpräsident der Slowakei, Tiso, floh im Frühjahr 1939 mit einem von dem Katholiken und Reichsstatthalter in Österreich, Seyß-Inquart, zur Verfügung gestellten Flugzeug nach Berlin. Dort machte er, im Bund mit Hitler und dem Papst, die Slowakei sozusagen selbständig, schloß sie aber militärisch und außenpolitisch Nazideutschland an. Tiso wurde Päpstlicher Kammerherr, hob sofort Meinungs-, Presse-, Versammlungsfreiheit auf, feierte »viel Gemeinsames zwischen Katholizismus und Nationalsozialismus«, verfolgte hart Orthodoxe, Protestanten und, als erbitterter Antisemit, zumal die Juden. Auch lieferte er Hitler drei Divisionen ans Messer und beteuerte noch im Herbst 1944: »Die Slowakei wird an der Seite der Achsenmächte bis zum Endsieg stehen.«

Vor dem »Anschluß« Danzigs, der den Überfall auf Polen einleitete, kam der Papst Hitler wieder entgegen; vor allem durch Umbesetzung des Danziger Bischofsstuhles, worauf eine enge Zusammenarbeit des neuen Bischofs

Der slowakische Ministerpräsident Dr. Josef Tiso (Mitte) und sein Außenminister Dr. Durczansky (links) überbrachten Hitler am 20. April 1939 nach dessen Expansion in den Osten die Glückwünsche der Slowakei. Tiso, kurze Zeit später zum Päpstlichen Kammerherrn ernannt, feierte »viel Gemeinsames« zwischen Katholizismus und Nationalsozialismus.

Walter Schellenberg, SS-Obergruppenführer und Leiter der Auslandsabwehr und Spionageorganisation, äußerte sich nach einem Gespräch mit Pius XII. folgendermaßen: »Der Papst wird sein möglichstes tun, um einen deutschen Sieg zu sichern. Sein Ziel ist die Zerstörung Rußlands.«

Maria Splett mit der Partei und der Gestapo begann sowie das Entlassen, Verfolgen und massenweise Ermorden polnischer Priester.

Gewiß sah Pius XII. Polen nur ungern in den Händen der antiklerikalen Nazis. Gewiß hätte er einen Krieg gegen Polen lieber verhindert, hätte er einen gemeinsamen Waffengang von Deutschland und Polen gegen die Sowjetunion überaus begrüßt. Gewiß mißbilligte er schließlich matt die deutschen Religionsverfolgungen im Osten. Doch hatte er die Warschauer Regierung immer weiter zu Konzessionen zu bewegen gesucht, sodann die Aggression

Im Angriff der deutschen Armee auf Rußland im Sommer 1941 sah Pius XII., hier bei einer Rundfunkansprache, »großmütige Tapferkeit zur Verteidigung der Grundlagen der christlichen Kultur«, und er hegte »zuversichtliche Hoffnung auf einen Triumph«.

selbst nie verurteilt. Er verhielt sich wie schon bei der Besetzung der Tschechoslowakei. Er schwieg selbst zur Bombardierung und Zerstörung der polnischen Städte. Er brachte kein Wort über die Lippen, als die polnische Geheimpresse ihn immer häufiger beschuldigte. Dafür erklärte sein Staatssekretär: »Die Tatsachen sprechen für sich; lassen wir sie erst einmal sprechen.« Und als Hitler im April 1940 das schwache protestantische Norwegen heimsuchte, hüllte sich der Heilige Vater, wiewohl von vielen Seiten gedrängt, den neuen Überfall zu verdammen, ebenso in Schweigen wie schon bei ähnlichen Anlässen zuvor. Nur durch sein Hofblatt, den »Osservatore Romano«, deutete er an, in Norwegen lebten 2619 Katholiken, in Deutschland aber 30 Millionen.

Nach der raschen, im Vatikan ungeduldig erwarteten Niederringung Frankreichs übermittelte der Nuntius in Berlin begeisterte Glückwünsche. Und Pius XII. selbst beauftragte die deutschen Bischöfe, in allen Kirchen Dankgottesdienste für den Führer zu halten. Dem mit Hitler verbündeten Marschall Pétain erteilte er seinen Segen und versicherte, die Kirche werde »das Werk der moralischen Wiedergeburt« in Frankreich warmherzig unterstützen. Die führende katholische Zeitung Frankreichs, »La Croix«, später wegen ihrer Kollaborationspolitik gerichtlich belangt, forderte täglich Zusammenarbeit mit Pétain und Hitler, drang auf schonungslose Beseitigung der Widerstandsbewegung und lobte, der Kurs Pétains stimme

Als Andenken an einen weiteren deutschen Blitzfeldzug brachte dieser deutsche Infanterist in Brest-Litowsk eine Regimentsfahne der Roten Armee in Sicherheit. Ganz im Sinne des Vatikans schien Hitler zunächst dem Kommunismus im Osten Einhalt zu gebieten.

»erstaunlich mit den Weisungen des Heiligen Stuhles überein«.

Freilich, so erstaunlich nicht. Hatte Pacelli doch spätestens seit 1933 auf den antikommunistischen Hitler gesetzt und 1939 betont, daß der »Führer« das legale Oberhaupt der Deutschen sei und jeder sündige, der ihm den Gehorsam verweigere. So fehlte es dem Heiligen Vater im Sommer 1941, eine Woche nach dem deutschen Angriff auf Rußland, »nicht an Lichtblicken«, wie er in einer Rundfunkbotschaft frohlockte, »die das Herz zu großen, heiligen Erwartungen erheben; großmütige Tapferkeit zur Verteidigung (!) der Grundlagen der christlichen Kultur und zuversichtliche Hoffnungen auf ihren Triumph«. Womit der Papst ja kaum die Roten Armeen gemeint haben konnte. Zumal schon ein Jahr vorher jesuitische Absolventen des römischen Collegium Russicum in Verkleidung und unter falschem Namen die sowjetische Grenze überschritten hatten, um in vatikanischem Auftrag Spionagetätigkeit zu treiben. Zumal Hitlers Unterstaatssekretär Luther zu dem Schluß kam: »Seit Anfang des Krieges hat der gegenwärtige Papst seine politischen Pläne auf den Sieg der Achsenmächte gegründet.« Zumal der Leiter des Geheimdienstes, SS-Obergruppenführer Schellenberg, nach einem Gespräch mit dem Papst resümierte: »Der Papst wird sein möglichstes tun, um einen deutschen Sieg zu sichern. Sein Ziel ist die Zerstörung Rußlands.« Und zumal Pius XII. selbst mitten im Krieg »nicht nur wärmste Sympathie für Deutschland, sondern auch Bewunderung großer Eigenschaften des Führers« zum Ausdruck brachte und diesem, gleich durch zwei Nuntien, übermitteln ließ, er wünsche »dem Führer nichts sehnlicher als einen Sieg«!

Engel für Hitlers Heere

Das römische Papsttum hatte in ganz Europa maßgeblich die Heraufkunft des Faschismus gefördert und wurde dabei mit aller Intensität von den Bischöfen der verschiedensten Staaten unterstützt, vor allem natürlich von den Bischöfen der Achsenmächte, besonders von den deutschen.

Denn keinesfalls haben diese, wie man seither der Welt weismachen wollte und will, von Hitlers diabolischer Taktik getäuscht, ihm nur anfangs, nur 1933 gehuldigt. Im Gegenteil. In den folgenden Jahren, zumal aber während des Krieges, stärkten und stützten sie den Despoten erst recht.

Zwar log einst, um einen statt vieler zu nennen, der CSU-Mann Richard Jäger, Vizepräsident des Bundestages und Justizminister der Adenauer-Zeit, auf einem Katholikentag (so macht man Karriere!): »Wäre unser Volk 1939 dem Wort der Bischöfe gefolgt, lägen unsere zahllosen Kameraden jetzt nicht im Grab.« Doch was hatten denn da die Bischöfe dem deutschen Kanonenfutter gesagt? »In dieser entscheidenden Stunde«, hatten sie im September 1939 gemeinsam geschrieben, also genau zu Kriegsbeginn, »ermutigen und ermahnen wir unsere katholischen Soldaten, aus Gehorsam zum Führer ihre Pflicht zu tun und bereit zu sein, ihre ganze Person zu opfern.«

Schloß der Politlügner daraus: »… lägen unsere zahllosen Kameraden jetzt nicht im Grab«?! Oder woraus sonst? Denn: Gehorsam gegenüber Hitler, dem Monsterverbrecher, die Pflicht tun, die ganze Person opfern, dies

Adolf Bertram, seit 1916 Kardinal von Breslau, hatte nach der Machtübernahme der Nationalsozialisten maßgeblich die freundliche Haltung des deutschen Episkopats gegenüber den faschistischen Machthabern mitbestimmt. Bertram ist hier bei einem Gottesdienst vor dem Breslauer Dom im Jahre 1935 zu sehen. Im Hintergrund steht die Ehrenkompanie der Reichswehr Wache.

war ja der Tenor so gut wie aller »Hirtenbriefe« und Bistumsblätter. Und dies alles hatten die Vorgänger der Bischöfe, die heute so viel von Christianisierung schwätzen, von christlichen Werten, dem Schutz des keimenden Lebens, dies alles hatten sie doch mit den Nazis zusammen vorbereitet und möglich gemacht.

Denn nie protestierten die deutschen Bischöfe unter Hitler gegen ihn und sein System, mit dem er die halbe Welt ins Unglück stürzte. Das störte sie nicht. Das stützten sie. Schon 1934 zum Beispiel schrieben sie, wieder in corpore, am 7. Juni: »In unserem katholischen Jugendwerk schulen und begeistern wir unsere jungen Männer und Frauen, damit sie zu nützlichen und zuverlässigen Gliedern der Kirche und des Staates heranwachsen ... Der Weltkrieg ist Zeuge dafür, wie gerade auch katholische Jugend begeistert und in religiöser Opferbereitschaft ihr Leben für das Glück des Vaterlandes eingesetzt hat!« 1935, als der Freiburger Erzbischof Konrad Gröber, der »braune Konrad«, förderndes Mitglied der SS, in einem eigenen Opus die Staatstreue der Katholiken durch die Jahrhunderte belegte, erinnerte auch der Regensburger Bischof Buchberger wieder einmal an die Heldentaten der Katholiken im Ersten Weltkrieg, die sich »von niemand übertreffen« ließen. 1936, als der Münchner Kardinal Faulhaber, Speichellecker von Kaisern, Königen und Diktatoren, den Heroismus der Faschisten im spanischen Bürgerkrieg beschwor, feierte auch der große »Widerstandskämpfer« Bischof Graf von Galen Hitlers Soldateska »namens der treudeutschen Katholiken« seines Sprengels als »Schutz und Sinnbild deutscher Ehre und deutschen Rechtes«. Und derselbe große Widerstandsheld von Galen autorisierte dann ja auch 1938, ein Jahr vor Ausbruch des bisher schlimmsten Infernos der Geschichte, den »Fahneneid« auf Hitler, worin der »Wille des Führers« als »Wille des Volkes« und das »Wehrdienstleistenmüssen zugleich (als)

Bischof Clemens August Graf von Galen, hier nach seiner Inthronisation 1933, ging in die katholische Kirchengeschichte als großer Widerstandskämpfer gegen Hitler ein, da er sich vor allem gegen das Euthanasieprogramm der Nationalsozialisten einsetzte. Dennoch machte er zu Zeiten auch keinen Hehl daraus, daß er »die höchsten Führer unseres Vaterlandes erleuchtet und gestärkt« durch die »liebevolle Führung« Gottes selbst sah.

Rechts: Der Bischof von Regensburg, Michael Buchberger, war nur einer von vielen hohen katholischen Geistlichen, die ganz im Sinne der Faschisten »jedes Opfer, auch das Opfer

des Lebens« während des Zweiten Weltkriegs forderten. Doch Konsequenzen nach dem Zusammenbruch des Nazi-Regimes mußte keiner der Geistlichen ziehen. Das Bild zeigt den Bischof 1949, kurz vor seinem goldenen Priesterjubiläum in Regensburg.

eine religiöse Bindung und Verpflichtung« ausgegeben wurden, und worin es hieß:

»Was Frost und Leid!
Mich brennt ein Eid.
Der glüht wie Feuerbrände
Durch Schwert und Herz und Hände.
Es ende drum, wie's ende –
Deutschland, ich bin bereit!«

Kurz, das Verbrechen des Zweiten Weltkrieges haben diese Bischöfe mit ermöglicht. Und wer Jahrhundertverbrecher an führender Stelle unterstützt, ist selbstverständlich selbst Verbrecher.

Und sie standen Hitler ja auch im Krieg bei, eher noch mehr. Sie schürten seine Hölle. Sie stachelten seine Soldaten zum Durchhalten auf. Sie feuerten sie zum Kämpfen an, das heißt zum Töten. Bischof Kaller von Ermland sah sie dabei »durch die heiligen Sakramente gereinigt und gestärkt … Mit der Kraft Gottes werdet ihr euch einsetzen für Führer und Volk, werdet ihr bis zum Letzten eure Pflicht tun …« Mit der Kraft Gottes für den Teufel, jawohl. Bischof Matthias Ehrenfried von Würzburg drang auf Einsatz: für Hitler mit der »ganzen Persönlichkeit gemäß den Mahnungen der Heiligen Schrift«. Bischof Michael Buchberger von Regensburg forderte »jedes Opfer, auch das Opfer des Lebens …«. Bischof Sproll von Rottenburg verlangte, »siegreich zu kämpfen oder mutig zu sterben …«. Der Oberhirte von Meißen wollte »wahre Helden« sehen; der von Hildesheim bat Gott, daß er Hitlers Heeren »seine Engel schickt«; der Feldbischof Rarkowski beschwor »das leuchtende Bild eines wahrhaften Kämpfers, unseres Führers und Obersten Befehls-

Der »Widerstandskämpfer« Bischof Graf von Galen war es auch, der 1938, ein Jahr vor Ausbruch des Zweiten Weltkriegs, den Fahneneid auf Hitler autorisierte, worin das »Wehrdienstleisten-Müssen zugleich (als) eine religiöse Bindung und Verpflichtung« benannt und der »Wille des Führers« als »Wille des Volkes« bestimmt wurde.

habers ...«. Und der stellvertretende katholische Armeebischof Werthmann, nach dem Krieg wieder in derselben Funktion lange bei der Bundeswehr tätig, schrieb noch 1945: »Vorwärts, christliche Soldaten, auf dem Weg zum Sieg ...« Erhoben doch sogar noch damals, noch im letzten Kriegsjahr, viele Prälaten ihre Stimmen für Hitler und für seine »Ordnung«, als ungezählte Städte längst in Schutt und Asche lagen. Und ungezählte Menschen schon längst im Massengrab ...

Doch nicht nur einzeln, auch gemeinsam traten die deutschen Bischöfe – selbstverständlich auch die protestantischen – immer wieder für Hitler und seinen Krieg ein, wollten sie diesen, so im September 1939, durch Gott »zu einem gesegneten Erfolg« geführt sehen. Entsprach doch dies bislang grauenhafteste Gemetzel aller Zeiten, so ihr gemeinsames Hirtenschreiben vom 26. Juni 1941, »dem heiligen Willen Gottes«. Und schon am 10. Dezember 1941 bekannte der deutsche katholische Episkopat erneut: »Wir haben immer wieder (!) und noch im Hirtenbrief des Sommers unsere Gläubigen zu treuer Pflichterfüllung, zu tapferem Ausharren, opferbereitem Arbeiten und Kämpfen im Dienste unseres Volkes in schwerster Kriegszeit eindringlichst (!) aufgerufen.« Eindringlichst. Und immer wieder.

In Hunderten von Bischofsblättern geschah das gleiche. War doch überhaupt während des Krieges die katholische Presse »ein aktives Instrument« (Gordon Zahn) des Propagandaministeriums von Goebbels, in dessen Reichspressekammer ja auch ein katholischer Geistlicher als Abteilungsleiter saß: Walter Adolph, der Chefredakteur des Berliner Bistumsblattes. Schlechthin alles, was sich an »Christkatholischem« für das große Schlachten ausspielen

Maximilian Kaller, Bischof von Ermland, im Jahr 1939: »Ehe ihr dem Ruf zu den Waffen folgtet, habt ihr die Waffenrüstung Gottes angezogen. Ich weiß, daß die meisten von euch durch die heiligen Sakramente gereinigt und gestärkt sind. Mit der Kraft Gottes werdet ihr euch einsetzen für Führer und Volk, werdet ihr bis zum Letzten eure Pflicht tun zur Verteidigung unseres geliebten Vaterlandes … Wir alle müssen Opfer, schwere und schwerste Opfer bringen. Niemand darf sich seiner Pflicht entziehen.«

ließ, wurde ausgespielt. Man zählte die Orden her und renommierte mit seinen »Frontsoldaten«. Man registrierte sorgfältig die eigenen Blutopfer, die der sogenannten Weltpriester oder der »Steyler Genossenschaft des Göttlichen Wortes« etwa oder der »Kolpingssöhne«: »Als Helden haben sie sich bewährt. Wir danken ihnen und richten uns auf an ihrem Beispiel.« Ja, alles wurde vorgebracht, von den Lebenden bis zu den Toten, den Soldaten bis zu den Nonnen, die sie pflegten, von der Kommunion bis zur Caritas, vom germanischen Glauben bis zum christlichen, von der »heiligen Fastenzeit« über eine vom Episkopat empfohlene »Opfer- und Nüchternheitswoche« bis zur Mutter des Herrn. Mit allem mobilisierten sie Hitlers Krieg.

Und nun lügt man uns schon fast ein halbes Jahrhundert das Gegenteil vor. Zum Heulen mit den Wölfen kommt noch die Heuchelei.

Zwangsbekehrung und Massenmord im unabhängigen Kroatien

Eines der schlimmsten Verbrecherregime war das des Ante Pavelić in Kroatien, das, genau wie die anderen faschistischen Staaten, durch das römische Papsttum massiv unterstützt worden ist.

Der ehemalige Rechtsanwalt Pavelić aus Zagreb, der in den dreißiger Jahren meist in Italien seine Banden drillte, ließ 1934 in Marseille König Alexander von Jugoslawien ermorden, wobei auch der französische Außenminister fiel. Pavelić feierte zwei Jahre später in einer Denkschrift Hitler als Deutschlands »größten und besten Sohn« und kehrte 1941, von Mussolini mit Waffen und Geld ausgerüstet, beim deutschen Einmarsch in Jugoslawien dorthin zurück. Als absoluter Despot beherrschte er im sogenannten unabhängigen Kroatien drei Millionen katholische Kroaten, zwei Millionen orthodoxe Serben, eine halbe Million bosnische Moslems sowie zahlreiche kleinere Volksgruppen. Im Mai trat er fast die Hälfte des Landes in aller Form an dessen Angrenzer ab, besonders an Italien, und wurde dort (wiewohl wegen des Doppelmordes von Marseille zweimal, von Frankreich und Jugoslawien, in Abwesenheit zum Tod verurteilt) in besonders feierlicher Privataudienz von Pius XII. empfangen und gesegnet. Der große Faschistenkomplize entließ ihn und seine Suite in freundschaftlichster Weise mit den besten Wünschen, so wörtlich, für die »weitere Arbeit«.

Darauf begann ein katholischer Kreuzzug, der den schlimmsten mittelalterlichen Massakern in nichts nachsteht, sie eher übertrifft. 299 serbisch-orthodoxe Kirchen wurden nun im »unabhängigen Kroatien« ausgeraubt, vernichtet, viele auch zu Warenhäusern gemacht, zu öffentlichen Toiletten, zu Ställen. 240 000 orthodoxe Serben hat man zum Katholizismus zwangsbekehrt und ungefähr eine dreiviertel Million orthodoxe Serben ermordet. Man erschoß sie massenweise, erschlug sie mit Äxten, warf sie in Flüsse, in Abgründe, ins Meer. Man massakrierte sie in sogenannten Gotteshäusern, 2000 Menschen in der Kirche von Glina. Man fand dort »später aufgespießte Kinder mit noch vor Schmerz gekrümmten Gliedern«. Man folterte die Serben, bevorzugt bei nächtlichen Orgien, man schnitt ihnen die Kehle durch, pfählte und vierteilte sie, hängte gelegentlich ihr Fleisch in Metzgerläden. Man stach ihnen lebend die Augen aus, schnitt ihnen lebend die Ohren, die Nasen ab, man begrub sie lebendig, man erwürgte, köpfte, kreuzigte sie. Die Italiener fotografierten einen Mordbuben des Pavelić, der um seinen Hals zwei Ketten aus menschlichen Zungen und Augen trug.

Auch fünf Bischöfe und mindestens 300 Priester der Serben hat man geschlachtet, zum Teil auf fürchterliche Weise, wie den Popen Branko Dobrosavljević, dem man Haar und Bart ausriß, die Haut abzog, die Augen heraussäbelte, während man seinen kleinen Sohn vor ihm buchstäblich in Stücke schnitt. Der 80jährige Metropolit von Sarajevo, Petar Simonić, wurde erwürgt, indes der katholische Erzbischof der Stadt Oden zu Ehren des Pavelić, »des angebeteten Führers«, schrieb und in seinem Diözesanblatt die revolutionären Methoden, wörtlich, »zum Dienst der Wahrheit, der Gerechtigkeit und der Ehre« pries. Dem 81jährigen Bischof Platov aus Banja Luka beschlug man die Füße wie einem Pferd, verstümmelte entsetzlich seinen Kopf und setzte seine Brust in Flam-

Der jugoslawische König Alexander I., dessen Leichnam hier aufgebahrt ist, wurde 1934 während eines Staatsbesuchs in Marseille gemeinsam mit dem französischen Außenminister bei einem Anschlag kroatischer Nationalsozialisten ermordet. Der Anführer der Attentäter, Ante Pavelić, wurde für den zweifachen Mord – in Frankreich in Abwesenheit – zum Tode verurteilt. Dessenungeachtet unterstützte der Vatikan die Rückkehr Pavelićs nach Kroatien und seine Ernennung zum Ministerpräsidenten des »Unabhängigen Staates Kroatien«.

men. In Zagreb, wo der katholische Primas Stepinac und der päpstliche Legat Marcone residierten, folterte man den orthodoxen Metropoliten Dositej, daß er wahnsinnig wurde.

Die katholischen Schlachtfeste in »Groß-Kroatien« waren so grauenhaft, daß sie selbst die italienischen Faschisten schockierten, daß sogar hohe deutsche Stellen protestierten, Diplomaten, Generäle, noch der Sicherheitsdienst der SS und Naziaußenminister von Ribbentrop. Ja, wiederholt griffen deutsche Truppen, provoziert durch die »Abschlachtung« der Serben, gegen die eigenen kroatischen Verbündeten ein.

Und dieses Regime – Wahrzeichen und Kampfmittel »Bibel und Bombe nebeneinander« – war von seiner ersten bis zu seiner letzten Stunde ein durch und durch katholisches Regime und engstens mit der römisch-katholischen Kirche verbunden. Sein Diktator Ante Pavelić, ebenso ins Führerhauptquartier und auf Hitlers Berghof reisend wie in den Vatikan, wurde vom kroatischen Primas Stepinac »ein ergebener Katholik«, von Papst Pius XII. (noch 1943!) »ein praktizierender (!) Katholik« genannt. Auf Hunderten von Fotos erscheint er zwischen Bischöfen, Priestern, Nonnen, Mönchen. Ein Geistlicher erzog seine Kinder, er hatte einen eigenen Beichtvater und in seinem Palast eine eigene Kapelle. Zahlreiche Kleriker gehörten seiner Partei an, der Ustascha, die ständig die Worte Gott, Religion, Papst, Kirche im Mund führten. Bischöfe und Priester saßen im Sobor, im Ustascha-Parlament. Geistliche dienten als Offiziere in Pavelićs Leibwache. Die Ustascha-Kapläne schwuren Gehorsam vor zwei Kerzen, dem Kruzifix, einem Dolch und einem Revolver. Jesuiten, mehr noch Franziskaner, führten bewaffnete Mordbanden an, organisierten Massaker: »Nieder mit den Serben!« Sie erklärten »die Zeit gekommen für den Revolver und das Gewehr«; erklärten, es sei »keine Sünde mehr, ein siebenjähriges Kind zu töten, wenn es gegen die

Ante Pavelić während eines Besuchs bei Hitler im Berghof auf dem Obersalzberg. Pavelić rief 1941 mit Unterstützung der deutschen und der italienischen Faschisten den »Unabhängigen Staat Kroatien« aus. Kurz nach seiner Machtübernahme wurde er von Pius XII. in feierlicher Privataudienz empfangen und gesegnet.

»Ustascha«, zu deutsch »Aufständische«, nannte sich das kroatische Heer und später auch die rechtsextreme Partei, deren Vorsitzender Ante Pavelić zugleich der Ministerpräsident Kroatiens war. Der Ustascha gehörten auch zahlreiche Kleriker an, und Bischöfe und Priester saßen in dem Parlament, das die grausame Ermordung Tausender Serben, Muslime und Juden zu verantworten hatte.

Gesetzgebung der Ustaschen verstößt«. »Alle Serben in möglichst kurzer Zeit zu töten«, das nannte der Franziskaner Simić, ein Militärvikar der Ustaschen, wiederholt »unser Programm«. Franziskaner waren auch Henker in Konzentrationslagern, die im »Unabhängigen Kroatien« nur so aus dem Boden schossen, in diesem »christlichen und katholischen Staat«, dem »Kroatien Gottes und Marias«, dem »Königtum Christi«, wie die katholische Presse des Landes jubelte, die auch Adolf Hitler als »Kreuzfahrer Gottes« pries. Das Konzentrationslager Jasenovac hatte zeitweise den Franziskaner Filipović-Majstorović zum Kommandanten, der in vier Monaten dort 40 000 Menschen liquidieren ließ. Der Franziskaner-Stipendiat Brzica hat hier in einer Nacht, am 29. August 1942, 1360 Menschen mit einem Spezialmesser geköpft.

Nicht zufällig dankte der Primas des katholischen Gangsterparadieses, Erzbischof Stepinac, als er im Mai 1943 im Vatikan die Verdienste der Ustascha betonte, dem kroatischen Klerus, »vor allem den Franziskanern«. Und natürlich wußte der Primas, der Ustascha-Verherrlicher, der Ustascha-Militärvikar, das Ustascha-Parlamentsmitglied, ebenso über alles in diesem hochkriminellen Pfaffendorado Bescheid wie Seine Heiligkeit Papst Pius XII. selbst, der seinerzeit den Kroaten eine Audienz nach der anderen gab, Ustascha-Ministern, Ustascha-Generälen, Ustascha-Diplomaten, und der Ende 1942 der Ustascha-Jugend zurief, an deren Uniformen das große »U« mit der darin explodierenden Bombe prangte: »Es leben die Kroaten!« Die Serben starben damals, etwa 750 000, um es zu wiederholen, oft nach gräßlichen Torturen, zehn bis 15 Prozent der Bevölkerung Groß-Kroatiens (in meinem Buch »Die Politik der Päpste im 20. Jahrhundert« aus-

Aloysius Stepinac, katholischer Primas im Unabhängigen Kroatien, war zugleich Parlamentsmitglied der Ustascha. Stepinac, für den Hitler »ein ergebener Katholik« war und während dessen Amtszeit die abscheulichsten Massaker stattgefunden hatten, wurde 1945 wegen Zusammenarbeit mit den Deutschen zu 16 Jahren Haft verurteilt. 1951 wurde er vorzeitig entlassen und kurze Zeit später zum Kardinal ernannt.

führlich dokumentiert und belegt). Und ohne Kenntnis dieses alptraumhaften Blutbads kann man die Vorgänge dort heute überhaupt nicht verstehen, Vorgänge, an denen sogar der Außenminister der uns befreundeten USA den Deutschen, das heißt der Regierung Kohl/Genscher, eine besondere Schuld beimaß. Mehr involviert ist nur der Vatikan, der schon seinerzeit durch Papst Pius XII. nicht bloß darin, sondern in die ungeheuersten Greuel der faschistischen Ära insgesamt derart verstrickt war, daß es, wie ich bereits vor nun fast 30 Jahren schrieb, »bei der Taktik der römischen Kirche nicht verwunderlich wäre, spräche man ihn heilig«.

Wie auch immer: Der Vatikan hat sämtliche faschistischen Regime der zwanziger, dreißiger, vierziger Jahre maßgeblich mit etabliert. Er hat samt seinen Bischöfen alle faschistischen Staaten von ihren Anfängen an systematisch unterstützt. Er war der entschiedene Förderer von Mussolini, Hitler, Franco, Pavelić, und somit wurde die römisch-katholische Kirche auch entscheidend mitschuldig am Tod von etwa 60 Millionen Menschen, nicht zuletzt am Tod auch von Millionen Katholiken. Nicht irgendein mittelalterliches, sondern das 20. Jahrhundert ist damit, zumindest quantitativ gesehen, das kriminellste der Kirchengeschichte.

Namenregister

Kursiv gesetzte Seitenzahlen beziehen sich auf Bildlegenden